2월 9일 평창 동계올림픽에 등장한 한국 도깨비들…

잠자고 있던 한국의 호랑이들이 포효할 것을 알려주는 신호탄인가 ?

한국은 아시아를 누비며 호령하던 광개토왕의 정기를 다시금 펼칠 때가 도래했는가 ?

소원을 들어주는 도깨비 마법사 지나
꿈꾸는 다락방과 시크릿의 열쇠

소원을 들어주는
도깨비 마법사 지니

펴 낸 날 2018년 03월 23일

지 은 이 평 화
펴 낸 이 최지숙
편집주간 이기성
편집팀장 이윤숙
기획편집 최유윤, 이민선
표지디자인 최유윤
삽   화 오인선
책임마케팅 임용섭
펴 낸 곳 도서출판 생각나눔
출판등록 제 2008-000008호
주   소 서울 마포구 동교로 18길 41, 한경빌딩 2층
전   화 02-325-5100
팩   스 02-325-5101
홈페이지 www.생각나눔.kr
이 메 일 bookmain@think-book.com

• 책값은 표지 뒷면에 표기되어 있습니다.
ISBN 978-89-6489-825-3 (04190)

• 이 도서의 국립중앙도서관 출판 시 도서목록(CIP)은 서지정보유통지원시스템 홈페이지
(http://seoji.nl.go.kr)와 국가자료공동목록시스템(http://www.nl.go.kr/kolisnet)에서
이용하실 수 있습니다(CIP제어번호: CIP2018004061).

Magic Money는 지니와 도깨비의 교육 사업 브랜드입니다.

소원을 들어주는 도깨비 마법사 지니
꿈꾸는 다락방과 시크릿의 열쇠

자기 계발과 시크릿의 진정한 비밀들은 ?

1. 마법의 열쇠

고대 마법사들의 마법의 비밀은 ?

해리포터, 나니아연대기, 호빗에 나오는 마법은 실재했을까 ?

연금술사에 나오는 연금술의 비밀은 ?

2. 지니와 도깨비의 열쇠

아라비안 나이트의 신비로운 지니 활용법 !

새로 선보이는 도깨비 명상법 18가지 !

진정한 부자는 부를 어떻게 획득하는가 ?

3. 두뇌 계발의 열쇠

두뇌의 잠재력을 계발하는 방법은 ?

한국의 잠재력을 활성화시키는 지니 프로그램들 !

전문가들의 두뇌를 업그레이드 시키는 방법들 - 2권 - !

한국을 수호하는 도깨비

이 책은 한국의 평화 통일과 세계의 항구적인 평화를 기원
하는 20명의 기부금에 의해서 만들어졌습니다.

Magic Money

새로운 시대는 자기가 좋아하는 일을 하면서 돈을 버는 것이 가능한 마법의 시대.
예비 마법사들을 위해 기존의 모든 자기계발 프로그램을 레벨업하여 제공함.

서 문

소원을 달성하는 방법이 정말 있을까요?

시크릿이 존재할까요?

끌어당김의 법칙은?

우리가 원하는 것은 진정 무엇이든 얻을 수 있을까요?

이 책의 후반부 참고 문헌 목록에는

일반적인 자기 계발에 관련된 책이 있고

좀 더 깊은 시크릿에 관계된 책이 있습니다만,

대부분의 책들이 시크릿을 간절히 원하고 생생하게 원하기만 하면 된다며 주먹구구식으로 처리해서 많은 독자들이 큰 혼란을 겪고 있는 것이 사실입니다.

시크릿을 정확하게 잘 구현하기 위해서는 형이상학이라는 연금술의 원리와 공식을 배우고 사용해야 합니다.

연금술사처럼 형이상학의 시크릿 공식을 익히고 사용하면 우리가 원하는 것을 말 그대로 '끌어당기는' 것이 가능합니다.

아라비안나이트의 지니가 도깨비 방망이처럼 마법의 열쇠이자 공식이나, 그 열쇠가 정교하게 숨겨져 있습니다.

우리가 원하는 소원을 달성한다는 것은 방법을 알면 쉽습니다.

그러나 모르면 많은 시행착오를 거치게 됩니다.

이 책은 시크릿을 달성함에 있어서 발생하는 수많은 시행착오를 줄여주는 역할을 합니다.

시행착오를 줄인다는 것은 비용과 시간을 줄이는 것이고 생산성을 증가시키는 일입니다.

생산성의 증가는 경제와 삶의 선순환을 만들어내고 결국 안정되고 평화로운 세상을 만듭니다.

이 책의 목적은 밝은 세상이 만들어지고

누구나 풍요로운 삶을 누리도록 도움을 주는 것에 있습니다.

누군가 현실은 제로섬 게임이라고 말하며 학교에서 우리가 배운 대다수의 원리와 공식은 제한된 세계를 바탕으로 만들어진 것이 많습니다만,

신과 우주의 연금술은 무한한 풍요를 모든 사람에게 공급해주는

것을 기본 목적으로 존재합니다. 그러므로 조금만 더 깊게 들어가면 무궁무진한 에너지의 세계가 펼쳐지는 것이지요.

그런 무한 동력의 세계를 탐구하고 인류에게 알리고자 한 사람들이 20세기에 많았으나 기득권에 의해서 차단되거나 사장되었습니다.

앞으로의 21세기는 그러한 무한 에너지의 근원에 대한 다양한 정보가 제공되는 시대로 봅니다.

< 이 책을 시작으로 3권의 책을 시리즈로 만들고자 합니다. >

1권은 다양한 실습을 해보는 내용에 많이 할애를 했고,

2권은 모든 시크릿을 그림과 도식으로 좀 더 쉽게 다가갈 수 있도록 이미 만들어져 있습니다.

3권은 좀 더 깊은 원리와 법칙을 공식으로서 직접 배우고 사용할 수 있도록 차분하게 준비할 예정입니다.

이 책을 읽는분 모두, 하나 이상의 다양한 기적을 체험하면서 점점 더 풍요로운 세상이 만들어진다면, 이 책은 그 목적을 이루었다 하겠습니다.

2018년 2월 8일

평　　화 드림

아리안 500 프로젝트

한국을 세계의 제 1 강국으로 변화시키는 프로젝트

평   화

Physics물리학

Psychology심리학

Metaphysics형이상학

형이상학의 원리, 법칙, 공식에 대한 연구와 적용을 한평생 실험하고 검증해온 실행가이며, 수신제가치국평천하를 모든 국민이 달성가능하도록 도와주는 도우미

01. 핵심 역량

PART 1

명상가

기획 전문가

경영 전문가

Intuition Developer

잠재력 계발 전문가

브레인 계발 전문가

전문가 양성인

PART 2

신기술개발

이종기술융합

신기술개발 비용, 시간 단축

신제품 시장성 및 리스크 예측

R&D 팀구축, 리스크 예측

브레인 훈련 및 융합

02. 하는 일

중견기업 CEO 리더십 교육

전문 관리자 양성

경영 전문가 양성

기업의 핵심 브레인 양성

두뇌 융합 및 잠재력 계발

기업의 생산성 증대

직관 경영

영재, 천재 교육

프로젝트 전문가 양성

03. MAGIC MONEY 일반 교육 프로그램

1. 현실적인 생산성 증가

2. 지니를 통한 잠재 능력 계발

3. 두뇌 역량 계발

4. 조직의 생산성 증가

5. 영업 역량 증가

6. 기업 비용의 단축

7. 다중 지능 계발

8. 다양한 힐링 기법

9. 몰입의 역량 증가

10. 사업의 확장과 발전에서 공명 원리

11. 이미지 트레이닝의 다양한 응용

12. 다양한 에너지의 운용과 활용

13. 꿈에서 원하는 것을 창조하기

14. 현실을 변화시키는 가상현실 기법

15. 기적을 만드는 쓰기의 기법

16. 문제의 핵심을 파악하는 직관 기법

17. 꽃과 보석의 마법

18. 꿈을 실현하는 마법사 되기

04. 솔루션

1부. 핵심 솔루션

개인 두뇌 융합, 조직 두뇌 융합

프로젝트 융합

이종기술 융합

최 단기 신기술 개발

신제품 기획, 시장성 예측, 리스크 예측

R&D 분석 및 리스크 예측

경영 난맥 진단

영업력 빅뱅 프로그램

생산성 업그레이드

2부. 업무총괄 프로젝트

직관계발 : 직관계발, 리스크 예측, 사업통합, 프로젝트 융합

전략기획 : 기업의 미래 핵심사업 전략기획, 신기술 개발

직관경영 : 경영분석과 리스크 관리

경영컨설팅 : 기업의 신전략 구축

브레인구축 : 핵심브레인 구축, 신제품 개발팀 구축, 2인자 구축

핵심역량+ : 기업의 핵심역량 및 연동적 부서역량을 업그레이드

전략브레인구축 : 전략기획 및 뉴브레인 조직 구축 회사 가속화

프로젝트팀구축 : 기업의 신규 프로젝트팀 구축

TF팀 구축 : 기업의 특수 목적 TF팀 구축

사업발굴 및 제안 : 미래 사업 아이템 발굴 및 제안

영재교육 : 전문적인 역량을 발굴하고 장기적으로 교육 및 역
량 구축

3부. 종합 솔루션

1. 핵심역량 업그레이드 업무

전문가 네트워킹, BRAIN(핵심인력) Maker, 경영 컨설턴트

2. 전문가 500인 네트워킹 프로그램 및 구축

· 전문 멘토링

· 핵심 역량 강화

· 직관 경영

· 전문 사업 기획

· 경영 컨설팅

· 천재 경영

· 전문가 발굴 및 훈련

· 영재 발굴

· 전문 인성 교육

· 창의력- 리더십 교육

3. 전문가 발굴 및 연계 프로그램

1) 주된 경력

· 전문 브레인 교육 및 두뇌 활성화 프로그램 계발

· 기획 업무

· 기획 경영 관리 업무

· 전문 경영 컨설팅

2) 주요 계발 프로그램

· 브레인 발굴 시스템 ;

 인재들의 적재적소 배치 원칙에 따라 내재된 핵심역량 발굴

· 브레인 육성 시스템 ;

 브레인의 장점에 따라 프로그램 계발

· 브레인 잠재 두뇌 계발 시스템 ;

 브레인 두뇌 활성화 프로그램 진행

· 브레인 잠재 두뇌 활성화 시스템 ;

 입체적인 여러 연계 프로그램 가동

· 브레인 시너지 시스템

 브레인의 단점인 독립성을 서로 연계시키는 시스템 구축

· 브레인 NETWORK 시스템

 기업의 프로젝트에 따라

· 기업이 원하는 ITEM에 필요한 브레인(천재)의 발굴 및 훈련

프로그램

· 특수 프로젝트 시간 및 경비 단축 시스템

3) 기업 프로그램

· 개인, 조직, 기업의 핵심역량 및 BRAIN역량 계발

· 한국형 벤처 시스템 계발

· 한국형 조직 성장 모델 계발

· 개인 및 조직의 잠재역량 계발

· 두뇌의 잠재된 영역의 계발 및 훈련

· 기업의 생산성 및 목표 달성을 위한 TASK FORCE팀의 구축 및
   훈련

· 조직의 시너지 최대화 계발

· 기업의 연구 개발 속도 가속화 프로그램 계발- 조직의 브레인
   (천재) NETWORK 시스템 계발

4) 일반 프로그램

· 리더십 프로그램

· 감성 영업 프로그램

· 책임자 과정

· 중간 관리자 과정

· 생산성 향상 프로그램 등 다수의 프로그램

아리안 500 유망 중소 기업

액상실리콘 세계기술로 중공업부품, 자동차부품, 전자부품 개발 및 연구

2009.03 : 창업 기술개발 사업선정(중소기업청, 지원금 5천만원)

2010.10 : ISO 9001 : 2008 인증 획득

2011.06 : 창업성장 기술개발 사업선정(과제명 절연튜브 개발, 중기청 : 1억 8천만원)

2011.08 : 클린사업장 인증획득(산업안전 관리공단)

2011.12 : 현대중공업 36kV급 DAIS용 액상실리콘 개발 (업체등록)

2012.02 : 기업부설연구소 설립(한국산업기술 진흥협회)

2012.06 : 한국전기연구원-공동기술 개발사업 선정(융·복합 사업 : 7억원 지원)

2013.01 : 자본금 증자 : 5억원

2013.09 : LS산전 SIS용 일체형 접속재 개발 (업체등록)

2014.03 : 현장애로 기술개발사업 선정 : 한국전기연구원 (액상실리콘 접속재)

2015.02 : 특허등록 2건(도전성 실리콘 코팅기술, 액상실리콘 절연튜브 제조기술)

2016.01 : 한국전력공사 자기수축형 직선접속재 개발 양산

2017.10 : 전자제품 오링 액상사출 자동화 개발양산 사업화 성공

23~38kV 개폐기용 Bus system

〈Cross Connecter〉

〈End cap〉

〈Bus bar〉

일체형 몸체 간단 조립
24~36kV 개폐기용 일체형 Bus system

24~38kV, 600~4,000A 용 개폐기용 절연부품

〈절연캡〉

〈절연튜브〉

〈더미플러그〉

기술우수성 및 청정제조환경 :

1. 액상실리콘 사출장비 국산화 개발성공

    - LSR 20KG 이상 대용량 연속 사출가능(국내최초, 특허출원)

    - 사출 투입량, 속도, 압력 디지털 미세제어 기능

2. 실리콘 소재 절연 및 난연 배합기술 확보 (난연등급 V0)

3. 도전성 실리콘 특수코팅 기술보유

    (젖음성, 벗겨짐 방지 첨가제 배합기술 확보 : 특허등록)

4. 클린 사업장선정, 기업부설연구소 보유

5. 정부과제 5건 선정, R&D 투자 집중

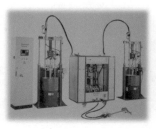

문의 010-7497-9957

하늘처럼 편안하고 바다처럼 포근한 사람이

모든 종류의 보험에 대해서 해답을 드립니다.

윤정희 드림

(010-7497-9957)

도깨비 명상 프로그램

1. 대　상

　　개인, 단체, 기업, 공무원, 군인 등의 생산성 강화

2. 진행 주제

　　자아계발 훈련

　　명상교육 상담

　　명상수련 강좌

　　명상수련 지도

　　명상교육 프로그램 운영

　　명상관련 통신강좌

　　명상 건강강좌

　　건강 관리를 위한 명상요법 지도

　　마음수련 강의

　　심신수련 연구

　　심신수련 지도

　　심리상담에 관한 교육상담

　　치유지도

　　기 수련관련 실기지도

3. 문　의

　　sita7@naver.com
　　010-7497-9957

MAGIC MONEY 프로그램

1. 대 상

　개인, 단체, 기업, 공무원, 군인 등의 생산성 강화

2. 진행 주제 :

　기업관리 관련 교육 및 훈련

　경영관리 및 마케팅 분야에 관한 상담

　광고/판촉/마케팅 및 사업관련 전략계획 훈련과정

　경영 및 인사 교육 및 훈련관련 상담

　리더십개발 교육분야 전문인력 지도

　산업교육 지도

　기업관리에 관한 정보제공/ 자문 및 상담

　기업경영 관련 정보 및 데이터 수집분석

　기업경영에 관한 지원/자문 및 상담

　기업이미지 통합전략서비스

　기업 및 시장연구조사

　기업 평판 관리 및 개선

　기업상담/경영/계획 및 감독

　기업위험 관리 관련 자문

　기업조직에 관한 지원/자문 및 상담

사업 프로세스 관리 및 상담

사업계획에 관한 지원/자문 및 상담

사업관리 관련 상담 및 자문

사업능률 향상에 관한 전문가조언

사업분석에 관한 지원/자문 및 상담

사업전략 분야 상담 및 자문

전략계획 및 관리 프로젝트 분석/수행용 프로세스개발

3. 문 의

sita7@naver.com

010-7497-9957

제0장

도깨비 명상법 18

지니 명상법 10

소원성취를 기원하는 지니와 도깨비 카드를 사용하는 방법

책에서 설명한 대로 지니와 도깨비 카드를 자신의 마스코트로써 심상한 후에 PVC 카드는 지갑에 휴대하면서 사용하시면 되고, 종이 카드는 휴대 또는 응시용으로 이용합니다.

지니를 소환하는 104가지 마법 실습들

참고 문헌

3. 지니의 상념이 현실화되는 과정

- 현실에 작용하는 지니들
- 상념은 물질과 같다 – Thoughts are Things
- 지니가 현실에 구체적으로 구현되는 과정

4. 전쟁과 평화에 관여하는 지니

- 여러 가지 상념과 이론 그리고 이데올로기로 탄생하는 지니들…
- 아리안 500 프로젝트의 탄생
- 세계적인 구도의 마쓰시다 정경숙 필요

5. 지니 상념의 창조와 파괴 작용

- 지니의 상념이 세상에 가하는 파괴적인 작용과 창조적인 작용
- 긍정적인 생각과 부정적인 생각의 지니가 만드는 세상의 모습들
- 긍정적인 세상을 만들기 위한 인류공영의 공익적인 기관이 필요하다.

6. 진정한 천재들을 위하여

- 진정한 천재들에게는 아주 뛰어난 지니가 작용한다.
- 각 분야에서 수많은 천재가 사장되고 있다.
- 숨겨진 재능을 활성화하는 지니의 역할

7. 유라시안 네트워크

- 광개토대왕 시대를 능가하는 역사가 앞으로 다시 시작된다면…
- 드라비다 언어는 한국어와 일치하는 단어가 1,300여 개, 즉 아리안인종의 페르시아계
- 고대 페르시안의 혈통이 흐르는 한국인은 지니를 다루는 역량이 아주 뛰어나다.

8. 아리안 500 프로젝트

- 아리안 500 프로젝트는 지니의 정기를 지닌 한국인의 진정한 프로젝트이다.
- 진정한 생산성을 위한 프로젝트
- 현대 문명의 고대 초점이자 원뿌리로 12,000년의 근원

9. 아리안 500 네트워크시스템

- 아리안 500 네트워크시스템의 핵심은 지니들의 연결이다.
- 세종대왕의 집현전 같은 총체적인 시스템 구축
- 두뇌 융합과 인적인 네트워킹에 작용하는 지니의 핵심 역할

10. 천재선별, 발굴

- 지니를 다루는 역량이 큰 천재들을 발굴하기
- 좌뇌형, 우뇌형, 양뇌형 천재
- 다양한 분야의 천재들을 통합, 융합시키는 도식

11. 천재들의 계발

- 지식경영의 노나까 이꾸지로 교수의 암묵지와 브레인 계발의 연계
- 문명의 발전을 가속하는 암묵지와 직관지
- 문명 발전의 이면에는 지니가 항상 작용한다.

12. 브레인 프로그램의 기본원리

- 파동경영을 적용하는 일본의 경영기법
- 긴밀하게 상호작용하는 인간의 두뇌회로 및 조직회로
- 브레인 프로그램의 핵심은 직관과 통찰력인데, 지니에 의해서 커진다.

13. 직관 - CEO의 직관

- 직관에 작용하는 지니
- 매일경제 2010년 7월 2일 특집기사
- 기업의 성패는 직관 경영이고 직관은 지니의 운용으로 점점 깊어진다.

14. 직관 - 전문가들의 직관

- 제7의 감각 전략적 직관
- 니콜라 테슬라의 직관에 의한 발명
- 문명의 붕괴와 충돌에는 지니가 핵심적으로 개입한다.

1장

지니를 운용하는 18가지 방법

1. 지니의 MAGIC

1. 지니의 MAGIC

1) MAGIC MONEY의 열쇠

· 매직에 의한 현실 재창조

· 재화의 창조

· 잠재력의 측정

· 잠재력의 계발

· 조직의 마법

· 생산성 마법

· 네트워킹 마법

1. 돈 도깨비

· 돈은 어떻게 벌어야 하는가?

· 돈은 어떻게 사용해야 하는가?

· 돈은 피처럼 잘 순환시켜야 한다.

· 돈은 좋은 것에 사용될수록 더욱더 많은 돈을 우리
  에게 끌어당긴다.

· 우리가 좋아하는 일을 할 때, 돈은 우리에게 더 쉽
  게 다가온다.

· 돈은 도깨비와 같아서 흥을 불러일으키고 신이 나
  는 곳으로 달려온다.

소 · 원 · 을 · 들 · 어 · 주 · 는 · 지 · 니

도깨비 명상 1 - 돈에 대한 명상

- 경제적인 자유를 얻는 것은 인생의 자유를 얻는 것과 같다.
- 인생의 자유란 자신이 하고 싶은 일을 하는 것이다.
- 자신이 원하는 일을 할 때, 행운이 찾아온다.
- 또한, 행운은 다른 사람을 돕고자 하는 따뜻한 마음을 불러일으킨다.
- 돈의 자유는 먹기 위해서 일하는 것이 아니라 자신과 타인을 모두 발전시키는 일을 할 때 주어진다.
- 모두에게 도움이 되는 일을 함으로써 우리는 돈과 행운을 얻는다.

도깨비 교육 프로그램 1

- 도깨비를 통해서 자유를 얻기
- 도깨비를 통해서 돈을 벌기
- 도깨비를 통해서 직업에 자유를 얻기
- 도깨비를 통해서 삶에 자유를 얻기
- 도깨비를 통해서 수신제가치국평천하를 달성하기

2. 지니와 알라딘

2. 지니와 알라딘
1) 지니의 열쇠

· 아라비안나이트

· 램프의 요정

· 소원을 이루어주는 지니

· CEO의 MAGIC

· 생각이 지니이다.

· 생각을 물질처럼 사용한다.

· 생각이 상호공명하는 것을 증명한다.

· 상호 그물같이 연계되어 있음을 실증한다.

· 자신의 지니를 발굴한다.

· 지니를 모르고 있는 것이 현재의 사람이다.

· 일의 창조와 설득에 작용한다.

소·원·을·들·어·주·는·도·깨·비

2. 지니 도깨비

· 모든 도깨비는 하나이다.

· 지니도 한국의 도깨비이다.

· 소원을 이루어주는 도깨비는 어디에서 찾을 수 있
  는가?

· 한국의 산과 강과 바다에서 모든 도깨비는 존재
  한다.

· 우리가 흥이 나고 신이 날 때, 도깨비는 저절로 우
  리에게 다가온다.

소·원·을·들·어·주·는·지·니

도깨비 명상 2 - 생각을 만드는 명상

· 생각의 솟아남은 막을 수 없다.
· 단지 생각이 흐르는 것을 지켜보는 것부터 시작
  한다.
· 우리는 두 가지 생각 중 하나를 선택할 수 있다.
· 긍정적인 생각과 부정적인 생각.
· 긍정적인 생각을 계속 일어나게 하고 집중함으로
  우리는 원하는 생각을 만들 수 있다.

.

도깨비 교육 프로그램 2

· 생각의 두 가지 소스
· 부정적인 생각을 차단하는 방법
· 원하는 생각을 창조하는 방법
· 삶을 변화시키는 방법
· 부자가 되는 방법

3. 자아 발견의 MAGIC

3. 자아 발견의 MAGIC
1) 자아 분석의 열쇠

· 홍채 인성 분석

· 다중지능 분석

· 다양한 성격 분석

2) 자아를 발견

· 자아의 정확한 발견

· 자아의 잠재력을 계발

· 자신의 천재성의 발견

· 현실에서 자신만의 핵심역량 발현

· 현실에서 블루오션 창조

· 창조력의 증가

소·원·을·들·어·주·는·도·깨·비

3. 우리 속에 존재하는 도깨비

· 우리는 누구나 도깨비를 가지고 있다.

· 대부분의 사람들은 좋지 않은 것을 불러일으키는
  것에 도깨비를 사용하고 있다.

· 우리 내부에 잠자는 천재성을 깨우는 것은 우리의
  도깨비를 다시 활활 불타오르게 하는 것에 있다.

· 잠자는 도깨비를 다시 깨우는 것은 우리의 열정이
  고 진심이다.

· 진심은 양심을 통해서 드러난다.

도깨비 명상 3 – 자신의 자아를 하나의 생각으로 보는 명상

· 과거의 상처와 트라우마의 자아를 하나의 생각으로 지켜보는 명상.
· 자신의 자아를 천재적인 자아로 변화시키는 명상.
· 천재적인 자아를 자신의 하나의 자아로 정착시키는 명상.
· 다중적인 천재 자아를 동시에 활성화하는 명상

도깨비 교육 프로그램 3

· 현재의 제한된 자아를 분리해서 녹이기
· 내재한 참 자아를 드러내기
· 참 자아와 도깨비를 같이 부르기
· 둘을 하나로 융합하기
· 다양한 재능을 차례대로 불러내기

4. 치유의 MAGIC

4. 치유의 MAGIC
1) 에너지 치유의 열쇠

· 칼라 성격 리딩

· 칼라 에너지 치유

· 꽃과 보석 치유

2) 입체적인 치유

· 자신의 몸, 마음, 정신을 치유

· 자신의 지덕체를 일체화

· 자신의 잠재력을 활성화

· 자신의 핵에너지를 활성화

· 연쇄반응을 일으킬 역량 활성화

· 자신의 생산성, 부의 창조 증가

· 보석의 진동과 꽃의 에센스인 향유는 치유와 창조
  의 도구이다.

4. 치유의 도깨비

· 할머니 손은 약손이다.

· 할머니의 손에는 도깨비가 있다.

· 우리는 눈에 안 보이는 도깨비를 마치 보듯 우리
  몸의 치유에 사용해야 한다.

· 항상 밝고 긍정적인 우리에게는 치유의 도깨비가
  같이 한다.

· 도깨비와 함께 한국을 치유해서 통일을 이루고 세
  계를 치유해서 평화를 이루는 것에 도깨비가 필요
  하다.

도깨비 명상 4 – 생각을 동화처럼 이미지화 하는 명상

· 생각에 감정을 유입하면 살아있는 생명체가 된다.
· 긍정적인 감정을 채색하면 생각은 이미지화된다.
· 우리의 소원은 이 시점부터 활기를 띤다.
· 소원에 긍정적인 감정을 채색하면서 구체화 된다.
· 소원을 이미지화해서 심상하고 상상할수록 소원은
  점점 더 활기를 띠게 된다.

도깨비 교육 프로그램 4

· 자신의 감정을 지켜보기
· 부정적인 감정을 분리하기
· 긍정적인 감정을 증가시키기
· 과거에 성공한 자신의 감정을 불러오기
· 현재 자기 일에 긍정적 감정을 부여하기
· 미래에 달성할 성공을 현재 이 시점에 구현하기

5. 몰입의 MAGIC

5. 몰입의 MAGIC
1) 몰입의 열쇠

- 공감
- 일체화
- 창조
- 기적

- 추천도서: 『몰입(칙센트 미하이)』

2) 몰입의 창조력

- 몰입의 전문화
- 몰입은 잠재력 계발의 기초
- 몰입은 모든 성공의 기초
- 몰입은 타인의 능력을 자신의 것으로 소화하는 것
- 몰입은 자신이 좋아하는 일을 할 때에 가장 강한 창
  조에너지를 방사시키고 강한 창의력으로 나타난다.
- 몰입은 좌뇌와 우뇌의 융합이 커질수록 깊어진다.

5. 몰입의 도깨비

· 우리가 한 가지 일에 집중할 때, 도깨비는 궁금해
  서 미친다.
· 우리가 간절히 무언가를 원할 때, 도깨비도 같이
  움직인다.
· 우리가 정성을 다하는 것에 도깨비도 같이 집중
  한다.
· 그러므로 우리가 뭔가에 몰입할 때, 우리에게 다가
  오는 도깨비를 놓치지 말라.

소 · 원 · 을 · 들 · 어 · 주 · 는 · 지 · 니

도깨비 명상 5 – 생각을 정교하게 설계하는 명상

· 소원이 감정을 가진 생각이 되면 수만 갈래로 세상 속으로 퍼져나갈 준비가 된다.
· 따라서 이제부터 소원을 구체적으로 설계해야 한다.
· 왜냐하면, 우리의 소원을 도와줄 사람, 일, 상황들 이 무르익어 가야 하기 때문이다.
· 소원을 왜, 무엇 때문에 원하는지와 달성한 이후에 는 어떻게 할 것인지 등 세부적인 설계가 필요 하다.

도깨비 교육 프로그램 5

· 소원을 정의하기
· 소원을 구체화하기
· 소원의 목적을 정하기
· 소원에 동기를 부여하기
· 소원에 로켓추진장치를 부착하기
· 소원을 세상으로 그리고 하늘로 보내기

소·원·을·들·어·주·는·도·깨·비

6. 공명의 MAGIC

6. 공명의 MAGIC
1) 공명의 열쇠

· 핵분열, 연쇄반응.

· 참고도서 : 『백마리째 원숭이가 되자(사계절)』,
『동시성의 과학 싱크(김영사)』, 『파동경영(매일
경제)』.
· 추천영화 : 나비효과(애쉬튼 커쳐).

· 공명은 창조력의 증폭작용.
· 창조력을 화약처럼 연쇄확산시킨다.
· 창조력은 핵에너지처럼 사람들 사이에서 연쇄반응
을 일으킴.
· 나비효과처럼 많은 부서와 업무들에도 확산효과를
일으킴.
· 사람들의 두뇌의 공명작용은 모든 시너지의 핵심.

6. 공명의 도깨비

· 신명나는 곳에 도깨비는 모인다.

· 신나는 일터에 도깨비가 같이 일한다.

· 양심이 살아있는 곳에 도깨비가 모인다.

· 한마음 한뜻인 곳에 모든 도깨비가 춤을 춘다.

· 기운이 모이는 곳에 도깨비가 있다.

소 · 원 · 을 · 들 · 어 · 주 · 는 · 지 · 니

도깨비 명상 6 – 생각을 현실에 투영 및 공명시키는 명상

· 우리의 소원이 구체적으로 설계되면 소원은 세상 속으로 스며들어 가서 일할 준비를 마치게 된다.

· 우리의 소원과 비슷한 생각을 하는 사람, 일, 상황에 연결되기 위해서는 소원이 세상에 잘 스며들어 가야 한다.

· 지금부터 우리의 소원은 우리의 두뇌에서 세상 사람들의 두뇌와 연결을 가지기 시작한다.

· 비슷한 생각을 하는 사람들의 두뇌가 연결되고 서로의 꿈을 공동으로 키워가는 여정이 시작된다.

도깨비 교육 프로그램 6

· 소원을 형상화하기

· 소원을 세상에 뿌리내리기

· 소원을 세상에서 활성화하기

· 소원을 사람들에게 보내기

· 소원을 두뇌와 두뇌로 연결하기

· 소원을 공명시키기

7. 최면의 MAGIC

7. 최면의 MAGIC

1) 최면의 열쇠

· 잠재능력의 열쇠 최면

· 최면 기법

· 최면의 응용

· 최면은 자기최면, 타인최면, 잠재의식 최면 등 다양
  하게 응용

· 자신의 잠재력을 활성화시키는 기법으로 사용가능.

· 잠재력의 활성화는 내재된 자신을 다시 깨우고 활
  성화시키는 것으로

· 잠재된 자신의 역량은 거의 무한대라는 사실을 인
  지하고 자신에게 그 의미를 부여하는 것에서 시작.

7. 최면의 도깨비

· 우리가 얼이 빠지면 도깨비도 같이 정신 나간다.

· 우리가 정신이 몽롱하면 도깨비도 그렇다.

· 우리가 두려워하면 도깨비는 도움을 주지 않는다.

· 우리가 즐겁고 희망차고 용감하고 긍정적일 때, 도
  깨비는 우리에게 힘을 준다.

도깨비 명상 7 – 생각을 현실에 작용시키는 명상

· 우리의 소원이 비슷한 소원을 가진 사람들의 두뇌와 두뇌 사이에 연결되어가면서 현실에서 점점 구체화하기 시작한다.
· 그 과정 동안 우리의 두뇌에 영감과 아이디어가 떠오르고 영감과 아이디어는 우리가 현실적인 행동을 하도록 재촉한다.
· 우리가 행동하면 현실적인 결실이 드러난다.
· 아이디어와 행동은 소원을 구체화하는 중요한 여정이다.

도깨비 교육 프로그램 7

· 소원을 현실화하기
· 소원을 물질화하기
· 소원을 다양한 아이디어로 확장하기
· 소원을 영감으로 꽃피우기
· 소원을 행동으로 결실화하기

소·원·을·들·어·주·는·도·깨·비

8. 잠재력 계발 MAGIC

8. 잠재력 계발 MAGIC
1) 잠재력 계발의 열쇠

· 초능력 발굴
· 초능력 계발

· 참고도서 : 『머피의 100가지 성공 법칙(미래경제
  연구회)』
· 추천영화 : 엑스맨(휴 잭맨)시리즈.

· 모든 사람은 무한한 잠재력이 있음.
· 잠재력의 활성화는 현재의식을 잠재의식과 연계에
  의해 시작.
· 잠재의식은 두뇌의 잠재된 영역을 의미.
· 우뇌를 활성화시키면 잠재력은 증가한다.
· 좌뇌와 우뇌를 하나로 융합이 증폭작용.
· 통합적인 두뇌는 모든 분야의 창조, 발전, 변화의
  기폭제이자 연쇄반응인자.
· 초능력은 잠재력을 구체화시킨 것에 불과.

소·원·을·들·어·주·는·도·깨·비

8. 잠재력의 도깨비

· 우리 내부에 잠자는 도깨비를 일깨우기 위해서 우
  리는 집중력을 키워야 한다.
· 도깨비는 우리가 하기 싫은 일을 하면 잠을 잔다.
· 우리가 우울하고 의기소침하면 우리 마음에서 나
  간다.
· 우리가 한 가지 일에 정신을 쏟지 않고 분산되면
  또한 우리로부터 분리된다.
· 우리가 진정 원하는 일을 하고, 신명나게 일하면
  모든 지혜와 보물은 우리에게 들어온다.

도깨비 명상 8 − 생각을 분리하는 명상

· 아이디어가 상세하게 설계되면, 현실화되면서 삶
  속에 펼쳐진다.
· 우리가 원하는 아이디어가 구체적으로 현실화되기
  위해서는 부정적인 생각과 감정을 스스로 분리하
  는 훈련이 필요하다.
· 부정적인 생각과 감정은 긍정적인 생각과 아이디
  어를 차단한다.
· 자신과 자기 생각을 분리하는 훈련은 명상에서 시
  작된다.

도깨비 교육 프로그램 8

· 소원을 생각으로 만들기
· 소원을 보석처럼 결정화하기
· 소원에 긍정적인 감정으로 에너지를 채우기
· 소원을 도깨비방망이로 구체화하기
· 소원을 통해서 지혜와 재화를 끌어당기기

과거　　　　　현재　　　　　미래

9. 이미지의 MAGIC

9. 이미지의 MAGIC
1) 이미지의 열쇠

- 이미지 창조
- 이미지 트레이닝
- 시간의 지배

- 참고도서 : 『성공한 사람들은 우뇌로 생각한다(현대 미디어)』
- 추천영화 : 넥스트(니콜라스 케이지), 데자뷰(덴젤 위싱톤), 페르시아의 왕자(제이크 질렌할)

- 이미지는 창조의 기본 설계도면
- 원하는 일과 사람을 끌어당기는 기적을 만드는 기본이다.
- 에너지의 강도와 집중도와 인내, 반복성이 기적의 강도와 창조력의 물현 속도를 결정짓는다.
- 모든 창조에서 이미지는 우리가 원하는 모든 것을 끌어당겨주는 원인이자 초점이다.

9. 이미지의 도깨비

· 정열의 도깨비.

· 도깨비는 자존심이 강하다.

· 도깨비는 자신감이 있는 사람을 좋아한다.

· 도깨비는 항상 긍정적이고 낙천적인 사람을 좋아
  한다.

· 그러므로 우리는 자신의 이미지를 가장 밝고 긍정
  적인 것으로 항상 가다듬어야 한다.

도깨비 명상 9 – 생각을 분리한 후 하나의 시크릿으로 만드는 명상

· 생각을 분리하는 훈련이 깊어지면, 원하는 아이디어가 잘 떠오른다.
· 아이디어가 산책, 휴식, 취미 생활 중에 떠오르면, 하나의 지니와 같이 다루는 것이 중요하다.

· 아이디어는 살아있는 생명체와 같아서 감성과 지성을 지닌다.
· 그 아이디어에 생각을 깊게 할수록
즐거움과 기쁨의 감정을 부여할수록
아이디어는 지니처럼 구체적 실체가 된다.

· 지니 같은 그 소원에 우리의 바람과 희망을 추가하고 인류의 행복, 발전, 평화가 포함되는 이상을 추가하면 진정한 의미에서 시크릿을 구현하는 것이 가능한 살아있는 실체가 된다.

도깨비 교육 프로그램 9

· 소원을 시크릿의 씨앗으로 만들기
· 소원을 달성시켜줄 사람을 끌어당기기
· 소원에 지성을 부여하기
· 소원에 감성을 부여하기
· 소원에 인공지능 같은 실체로 형상화하기
· 소원에 지성 회로와 감성 회로를 설계하기
· 소원에 인류의 희망과 평화의 프로그램을
  세팅하기

소 · 원 · 을 · 들 · 어 · 주 · 는 · 지 · 니

이미지 창조의 해법

1

강렬한 이미지는 모든 기적의 원동력이다. 이미지는 감정과 상념을 하나로 결합한다. 우리가 원하는 것을 강렬한 하나의 이미지로 변환하는 것은 시크릿의 중요 과정이다.

2

큰 목적과 목표가 있다 하더라도 하나의 이미지로 변환된다.

강렬한 이미지는 우리가 원하는 것을 창조하는데 걸리는 시간을 많이 단축한다. 강렬한 이미지를 의식 속에서 체험할 정도로 심상하는 것은 기적을 일으킬 만큼 강한 창조력을 가동한다. 강렬한 이미지는 우리가 원하는 것을 창조하는 창조의 엔진이다.

3

사진, 그림, 심상의 형태로 이미지를 만들어서 집중과 몰입을 하는 것은 우리를 중심으로 세상을 회전시키는 엔진의 축을 만드는 것이다.

10. 에너지의 MAGIC

10. 에너지의 MAGIC

1) 에너지의 열쇠

· 숨겨진 에너지의 창조작용

· 정신, 마음의 에너지 창조작용

· 참고도서 :『좋은 운명을 끌어들이는 포지티브 에
　너지(한언)』

· 추천영화 : 나니아 연대기시리즈, 파이널판타지(사
　카구치 히로노부)

· 우리가 에너지를 전기, 석유 등으로 알지만 실상은
　모든 에너지의 근원은 태양이다.

· 태양의 에너지는 만물을 살리고 나아가서 우리가
　낮이나 밤에 흡수하는 모든 에너지의 원천이다.

· 그 에너지는 우리의 생각과 정신력에 직접 에너지
　로써 작용하고 물질처럼 사람들 사이에서 작용한다.

· 진동, 생각, 정신, 태양, 에너지는 모두 상호 밀접하
　게 작용한다.

소·원·을·들·오·주·는·도·깨·비

10. 에너지의 도깨비

· 도깨비의 에너지는 도깨비 방망이이다.

· 도깨비 방망이는 기적을 만든다.

· 기적을 일으키는 사람은 도깨비와 친하다.

· 에너지와 열정이 넘치는 사람에게는 도깨비가 우
글거린다.

· 도깨비가 있어야 모든 기적을 만들어낸다.

소 · 원 · 을 · 들 · 어 · 주 · 는 · 지 · 니

도깨비 명상 10 – 생각을 정교한 지니로 만드는 명상

- 행복, 발전, 평화, 이상으로 채색된 생각은 이제 하나의 살아있는 생명체가 된다.
- 이 생명체는 지니와 도깨비로 변신하는 것이 가능한 생각 에너지의 씨앗이다.

- 소원에 감정을 채색하고 지성을 부여함으로써 지니는 어디든지 가는 심부름꾼이 된다.
- 독립된 자아를 지닌 지니에게 우리의 소원이 달성되도록 일을 시키는 단계이다.
- 우리의 지성 회로와 감성 회로가 발달하는 만큼 소원을 달성하는 것이 쉽다.

- 지니는 우리의 지성 회로와 감성 회로가 연결되는 사람들에게 찾아간다.
- 지니는 천사와 도깨비들에게도 찾아간다.

소·원·을·들·어·주·는·도·깨·비

· 따라서 지성 회로는 평상시에 많은 독서로 정교
하게 만들어야 하고,

· 감성 회로는 음악, 영화감상, 예술, 창작 등을 통해
서 정교하게 가다듬어야 한다.

· 이제 우리는 소원을 정교하게 설계할 수 있다.

· 설계가 정교해질수록 영감과 아이디어가 잘 떠오
른다.

도깨비 교육 프로그램 10

· 소원을 지니로 만드는 방법

· 소원을 도깨비로 만드는 방법

· 소원을 알라딘 램프로 만드는 방법

· 소원의 램프를 활성화하는 방법

· 소원의 램프를 통해서 지니와 도깨비를 깨어나도
록 하기

· 소원을 통해서 지니와 도깨비에게 일을 시키기

Kara 감정지능 1
– 삶과 일이 송두리째 바뀌는 감정지능, 바로 배워 써먹기

· 삶의 질을 높이는 감정지능
· 가슴 뛰는 삶을 살게 하는 감정지능
· 다중지능을 관통하고 흐르는 감정지능
· 몸과 마음의 면역을 증진시켜주는 감정지능
· 다중지능을 레벨 업하고 융합시키는 감정지능
· 인공지능 시대에 필수 핵심인 감정지능의 역할 강화

· 집중과 몰입의 열쇠 감정지능
· 감정지능과 상상력의 함수관계
· 감정지능의 파동과 주파수 영역
· 감정지능의 속성과 영향력 지수

· 감정의 온도를 조절하는 명상법
· 감정의 품격을 조율하는 명상법
· 감정조절의 초점을 구축하는 명상법

소 · 원 · 을 · 들 · 어 · 주 · 는 · 도 · 깨 · 비

Kara 감정지능 2

- 감정지능을 Best Up 시키는 상상력폭발 프로그램

· 삶에 기쁨의 요소를 도입하는 명상법

· 잠들어 있는 감정지능을 깨우는 명상법

· 억압되어 있는 감정지능 활성화 명상법

· 감정지능과 멘탈밸런스는 절대함수관계

· 뇌신경화학적 반응을 촉발시키는 기쁨 명상법

· 마음과 기분, 기질과 성격에 관여하는 감정의 자율조절법

〈가정에 행복한 감정지능을 도입하여 사는 재미를 만끽하기〉

· 가족 구성원은 서로에게 최고의 선물

· 사소한 것으로 삶의 뿌듯한 만족감 얻기

· 삶을 기쁜 이벤트로 만드는 선물 고르기

· 기쁨에 몰입하는 감정의 메커니즘 신축하기

· 어떤 상황에서도 평정심의 메커니즘을 구축하기

소 · 원 · 을 · 들 · 어 · 주 · 는 · 지 · 니

Kara 감정지능 3

- 직장에 즐거운 Kara 감정지능을 만연시키기

· 4차 산업혁명시대에 최적의 감정지능

· 직장이 단박에 좋아지게 만드는 감정지능

· 생산성을 획기적으로 증가시키는 감정지능

· 직장생활의 만족도(충성도)를 좌우하는 감정지능

· 나이를 먹을수록 인생이 풍요로워지는 감정지능

· 뇌는 무한한 가소성을 지니고 있음을 보여주는 감정지능

· 인간에 관계된 모든 행동과 재화는 감정지능을 위한 필요충분조건

· 새로 시작하는 사업에 성패를 가름할 감정지능

· 감정을 사물로 취급하여 다루거나,

· 살아있는 생명체로 존중하고 사랑하거나 명상법

· 폭발하는 감정에너지를 창조력으로 변환시키는 명상법

· 동기(의도) ⇒ 실행 ⇒ 체득 ⇒ 기쁨 ⇒ 행복의 증진 ⇒ 자아실현

11. 꿈과 창조 MAGIC

11. 꿈의 창조 MAGIC

1) 꿈의 창조의 열쇠

· 꿈의 조절과 현실의 재구성

· 인셉션과 우리의 생각의 구성

· 생각 훔치기, 생각 수정하기

· 생각과 창조

· 참고도서 : 『꿈 내가 원하는대로 꾸기(인디고 블루)』

· 추천영화 : 인셉션(레오나르도 디카프리오)

· 꿈은 정신과 마음의 창조적인 에너지가 구체화된
  것이다.

· 밤에 우리는 잠을 자면서 창조작용을 일으키고 그
  창조적인 골격은 우리 현실에 직접 영향을 미친다.
  즉 꿈을 조절하고 재창조하는 것은 현실을 재창조
  하는 것과 같다.

· 그러므로 현실은 꿈을 변화시키는 역량을 가진 사
  람에게 있어서 찰흙같은 질료에 불과하다.

11. 꿈속의 도깨비

· 용감한 사람에게는 도깨비가 꼼짝 못한다.

· 용감한 사람에게는 강한 기가 뿜어져 나온다.

· 도깨비는 강한 기에 모이기도 하고 움츠려 들기도
  한다.

· 꿈속에서 용감한 사람은 도깨비를 이길 수 있다.

· 꿈에서 가위 눌리는 사람은 도깨비에게 놀림을 받
  고 있는 것이다.

· 항상 용감하라.

· 그러면, 도깨비는 우리 주변에서 벗어나지 못한다.

소 · 원 · 을 · 들 · 어 · 주 · 는 · 지 · 니

도깨비 명상 11 - 지니를 강화해서 소원 달성을 가속화

· 명상, 집중, 몰입, 참선 등을 통해 우리는 지니의 힘을 증가시킨다.

· 지니가 강해짐에 따라 우리가 원하는 소원을 달성하는 시간이 단축된다.

· 우리의 포스가 강해짐에 따라 지니의 포스도 강해져서 사람과 천사와 자연의 요정에 작용하는 힘도 강해진다.

· 소원이 현실에서 점점 구체화해가는 것을 꿈과 현실에서 경험하게 된다.

도깨비 교육 프로그램 11

· 소원을 활성화하는 방법
· 소원을 명상으로 꽃피우기
· 소원에 집중해서 보석처럼 결정화시키기
· 소원에 몰입해서 무한하게 확장하기
· 소원에 참선해서 생명력 부여하기
· 소원에 에너지를 부여해 요정으로 만들기
· 소원에 피터 팬의 팅커벨처럼 마법 에너지를 부여하기

현실을 창조하는 꿈의 해법

1

꿈은 현실의 골격을 만드는 곳이다. 꿈은 상위계이고, 현실은 하위계다. 꿈은 잠재의식의 영역이라 깨어 있는 현실의 상태에서는 내적인 교류가 약하나, 꿈속에서는 사람끼리 잠재의식적 교류가 가능하다.

2

현실에서는 현재의식 수준에서 텔레파시가 진행되고
꿈에서는 사람 사이의 잠재의식 간 교류가 쉽게 이루어진다.

3

개인과 집단 간 교류도 가능해져서 사람 간 교류, 사람과 인류 사이의 교류 등이 일어난다. 훈련이 깊어지면 선생은 학생을 인도하고 나아가 인류에게 좋은 영향을 미치는 것이 가능해진다.

4

꿈은 자신의 불행을 직접 변화시키는 중요한 시간이다. 꿈에서 사고나 현실의 문제점에 대한 원인을 정확하게 파악할 수 있다. 핵심은 잠들기 전 문제를 자신의 잠재의식에 얼마나 잘 전달하느냐에 달렸다.

12. 가상현실의 MAGIC

12. 가상현실의 MAGIC
1) 가상현실의 열쇠

· 가상현실과 현실의 연계성, 가상현실의 조정과 현실의 변환
· 추천영화 : 매트릭스 시리즈(키아누 리브스), 써로게이트(브루스 윌리스), 아바타(샘 워싱톤)

· 가상현실의 경험을 꿈의 훈련과 의식의 이미지 창조 그리고 관련장비들을 통해서 훈련하게 되면 내재된 잠재력이 활성화된다. 자신의 내면의 잠재력과 현실의 일이 직접 연계되므로 일의 창조력, 창조속도, 발전속도 등이 기적을 일으키게 된다. 자신은 내면의 잠재력과 현실 사이에서 렌즈의 초점처럼 작용하면서 현실을 재창조하고 변화시키게 된다.

12. 가상현실의 도깨비

· 도깨비는 즐거운 놀이를 좋아한다.

· 우리가 즐기는 놀이에 도깨비는 항상 함께 한다.

· 가상현실 공간에도 도깨비는 존재한다.

· 그러므로 우리는 즐겁고 흥미 있는 것을 찾아다녀
  야 한다.

· 다양한 즐거움이 있는 가상현실에는 재화의 도깨
  비가 우글거린다.

· 일과 놀이에서 즐거움이 항상 공존하도록 하는 것
  이 중요하다.

도깨비 명상 12 - 일에 대한 명상

· 자신이 잘하는 일을 하는 것은 기술적인 일이다.
· 자신이 좋아하는 일을 하는 것은 몸과 마음과 영혼이
  성장하는 일이다.

· 영혼이 성장하는 일은 우리가 항구적으로 발전하는
  일이지만 먹고살기 위해서 하는 일은 일시적인 경제
  적 안정은 주나 영원한 경제적 안정을 주지는 못
  한다.

도깨비 교육 프로그램 12

· 도깨비와 즐겁게 놀기
· 도깨비를 통해서 좋아하는 일을 하기
· 도깨비를 통해서 삶의 목적을 달성하기
· 도깨비를 통해서 미션을 발견하기
· 도깨비를 통해서 세상을 발전시키기
· 도깨비를 통해서 인류 평화를 달성하기

가상 현실의 해법

1

우리의 삶은 우리의 생각에 따라서 스케치 되고 감정에 의해서 채색되어 현실화된다. 따라서 생각과 감정을 사실적으로 체험하면, 그것은 점점 현실이 되어간다. 가상현실을 통해서 삶을 변화시키고 불행을 개선하는 것도 가능하다.

2

삶과 현실을 변화시키는 다양한 방법은

깊은 이완과 명상 상태에서 훈련으로 새로운 현실을 창조하는 것.

잠자기 전, 잠깬 직후 잠재의식을 자극해 시크릿을 구현하는 것.

VR기기로 원하는 것을 심상화하고 창조하는 것.

꿈속으로 이미지와 느낌을 전달하는 기기를 사용해 삶을 재창조하는 것.

잠재의식에 자극을 주는 여러 기기를 사용해 잠재의식과 현실을 동시에 변화시키는 것.

현재의식, 잠재의식, 초월의식을 동시에 자극해 현실과 꿈과 불행을 동시에 변화시키는 것 등이 있다.

개인
중소기업
대기업
을
변화시키는
MAGIC MONEY
프로그램

010 7497 9957

13. 쓰기의 MAGIC

13. 쓰기의 MAGIC

1) 쓰기의 열쇠

· 쓰기의 기적

· 참고도서 :『종이 위의 기적, 쓰면 이루어진다(한언)』

· 자신이 무엇을 원하는지를 알고 언제, 어떻게, 무엇을, 어떤 방식으로 해야할지에 대해서 아이디어가 떠오르면 그것을 구체화하기 위해 글로써 전략적인 기획을 창조하게 된다.

· 이 기획은 창조의 설계도면으로 작용하고 구체적인 실천전략과 방법을 다시 구체화시켜준다.

· 창조력, 생산성증가, 리스크를 감소시킨다.

13. 쓰기의 도깨비

· 우리가 글을 적을 때, 도깨비는 우리와 더욱 더 가
까워진다.

· 글을 적는 것은 도깨비의 심장에 새기는 것과 같다.

· 따라서 우리가 원하는 소원은 글로 적는 것이 좋다.

· 우리가 원하는 것을 자주 글로 적는 것은 도깨비
에게 원하는 것을 가져오도록 심부름을 시키는 것
과 같다.

도깨비 명상 13 – 사람에 대한 명상

· 사람이 모든 것이다.
· 돈만을 쫓아가는 사람은 돈에 의해서 고통받게 되고
  일만 위해서 나아가는 사람은 일에 갇힌다.
· 돈과 일은 사람을 위해서 존재하지 목적으로서 존재
  하는 것이 아니다.
· 사람을 위하는 일을 하면 돈이 따라오고 결국, 모든
  것이 따라온다.
· 그러나 대다수는 반대로 하기에 일시적인 경제적 안
  정은 얻지만 질병, 사건, 사고 등과 같은 인생의 고통
  에서 벗어나지 못한다.

도깨비 교육 프로그램 13

· 도깨비를 통해서 사람을 알기
· 도깨비를 통해서 사람을 변화시키기
· 도깨비를 통해서 사람을 위한 일을 하기
· 도깨비를 통해서 모든 사람과 하나가 되기
· 도깨비를 통해서 인류 평화를 달성하기
· 도깨비를 통해서 문명을 상승시키기

쓰기의 해법

상념이 모든 것을 창조한다. 쓰는 것은 의식에 상념을 강하게 각인해서 상념이 우리 의식 속에서 더 강하게 상기되도록 한다.

쓰는 것은 의식 속에 담긴 정보를 일목요연하게 정리하고 구체화하는 과정이다. 아이디어나 직관, 통찰은 많은 정보가 함축되고 축약된 경우가 많다. 따라서 엉클어져 있는 문제든 미래에 대한 직관이든 시크릿을 구현하는 것이든 뭉쳐진 생각의 실타래를 질서화하고 간결하게 정리해서 구체화해야 한다.

쓰는 과정에서 이러한 모든 과정이 자연스럽게 이루어지고, 그중 핵심이 드러나기 시작하고 우리 의식에 각인된다. 일반적인 생각도 허공에서 생각하는 과정에 의해서 창조되는데, 쓰는 과정은 상념을 더욱더 강하게 우리 의식 속에 각인시키고 창조과정을 더 밀도 깊게 진행한다.

소 · 원 · 을 · 들 · 어 · 주 · 는 · 지 · 니

14. 직관의 MAGIC

14. 직관의 MAGIC

1) 직관의 열쇠

· 미래의 통찰, 미래의 창조

· 참고도서 : 『제7의 감각 전략적 직관(비즈니스 맵)』,
『성공을 부르는 비즈니스 직관(정신세계사)』, 『직관
이 답이다(다음생각)』, 『직관의 힘(끌레마)』.

· 추천영화 : 백투더퓨처시리즈(마이클 J. 폭스)

· 직관은 말 그대로 미래에 전개될 모든 것의 설계도
면을 보는 것이다. 미래는 현재의 사람들의 생각들
이 모두 하나로 뭉쳐서 일어나는 것이다. 더 나아
가, 과거에 인류가 만들었던 생각과 행동들이 모두
하나로 결집되어, 일어나는 것이기도 하다. 즉 인간
은 자신의 생각, 습성, 기질, 성향을 쉽게 변화시키
지를 않는 까닭에 미래가 거의 정형화되어서 구체
화되는 것이다. 즉 미래는 사람들의 생각이 물질화
된 것이다.

14. 직관의 도깨비

- 우리가 느끼는 모든 영감에 도깨비가 작용한다.
- 우리가 감지하는 사람들의 마음을 도깨비가 알려 준다.
- 우리가 꿈에서 보는 예지도 도깨비가 알려주는 것 이다.
- 도깨비는 시간과 공간을 넘어서는 도깨비 방망이 를 가지고 있다.
- 우리도 그 방망이를 사용할 수 있다.
- 직관이라는 방망이가 도깨비 방망이다.

소 · 원 · 을 · 들 · 어 · 주 · 는 · 지 · 니

도깨비 명상 14 – 돈의 생명력

· 돈도 사람처럼 감정과 지성이 있다.
· 사람들에게 행복을 선사하는 돈은 행복의 형태로서
  자신에게 다시 온다.
· 타인에게 고통을 주는 데 사용한 돈은 자신에게 고통
  을 주는 일로써 우리에게 다가온다.
· 타인에게 지혜를 전달할 목적으로 사용한 돈은 우리
  에게 지혜를 증가시켜주는 것을 가져다준다.
· 따라서 돈은 지성과 감성을 지닌 생명력 있는 실체다.

도깨비 교육 프로그램 14

· 도깨비를 통해서 돈을 벌기
· 도깨비를 통해서 돈을 끌어당기기
· 도깨비를 통해서 행복을 끌어오기
· 도깨비를 통해서 돈을 세상에 나누기
· 도깨비를 통해서 돈을 좋은 일로 꽃피우기

소·원·을·들·어·주·는·도·깨·비

도깨비 명상 15 – Magic Money

· 돈은 우리가 어떻게 사용하는가에 따라서 마법을 일으
  킨다.

· 타인을 돕는 데 사용한 돈은 우리에게 행운을 가져다주고

· 타인의 생명을 구하는 데에 사용한 돈은 우리가 다치게 될
  상황에서 벗어나게 해준다.

· 돈은 소중하다.

· 신중히 사용해야 한다.

· 자신의 수익에 상관없이 절제와 검소함을 가지는 것은
  미덕이다.

· 꼭 필요한 데에는 돈을 써야 하겠지만 불필요한 곳에는 적
  은 돈이라도 낭비해선 안 된다.

· 헌혈하고 수혈하듯이 돈을 사용함에 있어서 신중함이
  필요하다.

· 피가 순환하듯이 돈을 올바르게 순환시키는 것은 평생의
  안정과 발전을 확보하는 것과 같다.

· 자신의 돈이라 할지라도 순환하지 않고 타인을 돕는 데 사
  용하지 않는 돈은 질병, 사건, 사고, 기타 불행한 일로 빠져
  나간다.

도깨비 교육 프로그램 15

· 도깨비로 마법을 일으키기

· 도깨비를 통해서 타인을 돕기

· 도깨비를 통해서 돈을 순환시키기

· 도깨비를 통해서 행복을 순환시키기

· 도깨비를 통해서 평화를 순환시키기

· 도깨비를 통해서 자유를 순환시키기

· 도깨비를 통해서 문명을 발전시키기

소·원·을·들·어·주·는·도·깨·비

15. 예언의 MAGIC

15. 예언의 MAGIC
1) 예언의 열쇠

· 참고도서 : 『노스트라다무스 예언서 시리즈』
· 추천영화 : 2012년(존쿠삭)

· 모든 사람들의 생각은 물질화되어 굳어져서 현실에
  구체화된다.

· 따라서 사람들의 생각을 느끼는 민감한 존재들은
  생각이 구체화되기 전에 그 생각의 진동을 '느껴
  서' 미래를 예언하게 된다.

· 예언은 좀 더 진화하고 발전된 존재들이 미래를 좀
  더 빠르게 지각하는 것이다.

· 우리는 미래를 지각해서 미리 대비를 할 수 있다.

15. 예언의 도깨비

· 도깨비들이 모이면 그들의 힘이 커진다.

· 그들이 뭉치면 큰 미래를 보는 눈이 열린다.

· 예지와 예언을 하는 사람은 자연의 수많은 정령과
  도깨비와 소통하는 사람이다.

· 좋은 일을 하고, 사람들을 돕는 일을 하면 도깨비
  는 모두 모여서 미래의 큰 흐름을 알려준다.

· 도깨비는 모든 사람이 공존하고 발전하는 것을 돕
  는 일을 하고 싶어 한다.

소·원·을·들·어·주·는·지·니

Kara 도깨비 명상 16 – 개인들의 지니 도깨비

· 상념창조학을 정립해가는 지니
· 스포츠선수들의 양자도약적인 발전
· 호흡과 생명력을 자각하는 건강장수 도깨비

· 재미있어 행복한 제도권교육의 대혁신
· 왕따를 넘어 자기만의 천재성 발현하기
· 취준생, 수험생, 3포 세대를 위한 지니 활용법
· 실수와 실패, 시련과 역경을 딛고 날아오르는 지니

· 자신에게 최고의 미래를 가져다줄 도깨비를 꿈꾸는
  프로그램
· 외모와 자신감에서 가장 멋진 자기를 재탄생시키는
  프로그램

소·원·을·들·어·주·는·도·깨·비

16. 천사의 MAGIC

16. 천사의 MAGIC
1) 천사의 열쇠

· 수호천사

· 수호천사의 보호와 기적

· 추천도서 : 『수호천사(이레)』

· 상상에서만 존재하는 것으로 알려진 천사가 만약
  존재한다면…

· 그 천사가 사람들 사이에서 좋은 생각과 미래의 생
  각들을 느끼게 해준다면 우리는 그러한 존재들과
  같이 일을 한다는 관점에서 살아갈 필요가 있다.

· 그래서 생각의 실존과 천사의 실존은 기적을 일으
  키는 가장 기본적인 시작점이 된다.

소·원·을·들·어·주·는·도·깨·비

16. 천사와 도깨비

· 천사와 도깨비는 친구이자 친척지간이다.

· 천사가 도움이 필요하면, 도깨비에게 원조를 요청
  한다.

· 도깨비가 도움이 필요하면, 천사에게 요청한다.

· 둘은 비슷하지만 서로가 하는 일이 좀 다르다.

· 천사 같은 도깨비가 있고

· 도깨비 같은 천사가 있다.

· 우리는 천사와 도깨비 둘 다 친한 것이 좋다.

소 · 월 · 을 · 들 · 어 · 주 · 는 · 지 · 니

Kara 도깨비 명상 17 – 가족, 단체, 조직, 사회 문제를 해결하는 도깨비 프로그램

· NGO들의 바람직한 대폭발

· 치매 노인과 즐거운 동행을 누림

· 저출산 대책의 실질적인 효과를 창출

· 중.장.노년이 될수록 더더욱 행복해지기

· 미혼모에게 믿음직한 아빠를 만들어 주기

· 성희롱, 성범죄를 예방하는 강력 보호막 프로그램

· 각종 화재.사건.사고를 예방하는 범사회적 프로젝트

· 부모와 자식의 갈등은 진정한 사랑과 행복의 기회

· 부부 사이의 다양한 문제들을 해소하고 금슬 좋아지기

· 구성원들 간의 갈등해소

· 사원들의 마인드가 경영자에게 융합되기

· 경영자의 마인드가 구성원에게 스며들어 하나 되기

· 조직과 조직, 단체와 단체의 융합과 절대 협력 프로젝트

17. MAGIC

17. MAGIC
1) 마법의 열쇠

· 솔로몬 왕의 지혜
· 솔로몬의 열쇠
· 솔로몬의 봉인

· 마법은 우주의 원리와 법칙을 체화하는 과정이다.
· 마법은 상상속에 존재하는 것이 아니라 실제로 구
  체적인 방법이 있고 해리포터, 나니아 연대기, 반지
  의 제왕, 연금술사의 마법사들은 실제로 존재했다.
· 고대문명의 마법사들은 많은 기적을 행사했다.
· 동양의 성자들도 이러한 마법을 통해서 무수히 많
  은 기적을 행사했다.

17. 마법의 도깨비

· 동양과 서양의 마법에는 다양한 도깨비들이 등장
  한다.

· 물을 다루는 도깨비, 불을 피우는 도깨비, 바람을
  부르는 도깨비, 지진을 일으키는 도깨비 등이 있다.

· 그리고 마법사들이 부리는 마법에 도깨비들이 개
  입해서 도와준다.

· 따라서 모든 마법에는 도깨비들이 관여한다.

· 도깨비 자체가 일종의 마법의 에너지에 의해서 만
  들어졌기에 그렇다.

· 사람은 누구나 자신의 잠재력을 활성화시키면, 자
  신 속에 있는 마법의 도깨비를 불러서 일을 시키
  는 것이 가능하다.

소 · 원 · 을 · 들 · 어 · 주 · 는 · 지 · 니

Kara 도깨비 명상 18 – 거시적 관점의 MMP–P(Mental Magnetic Power Project)

· 신명나는 UN운영 MMPP

· 국가적 어젠다를 해결하는 MMPP

· 기아, 환경, 테러, 무역전쟁 치유 MMPP

· 항구적 세계평화를 구축하는 지니 프로젝트

· 5차 산업혁명을 선도하는 Soul Manager Program

· 핵보유국의 전략핵을 무력화시키는 도깨비 프로젝트

18. 보석의 MAGIC

18. 보석의 MAGIC

1) 보석의 열쇠

· 숨겨진 비전

· 지금까지 설명한 17가지를 창조하는 열쇠

· 보석의 마법

· 천연 보석은 숨겨진 비전이다.

· 보석은 모든 마법의 종결자이다.

· 보석은 영혼의 코아와 교류하는 열쇠이다.

· 보석의 코아는 여러분의 영혼과 교류한다.

· 보석은 창조의 초점들이다.

18. 보석의 도깨비

- 도깨비들이 사용하는 도깨비 방망이는 보석과 비슷한 것이다.
- 천연 보석을 잘 다루는 것은 도깨비를 잘 다루는 것과 같다.
- 좋은 생각을 하고 좋은 일을 하는 사람은 자신의 심장에 보석을 지닌 것과 같다.
- 마음에 존재하는 보석이 가장 강한 보석이고, 세상에 물질로 존재하는 보석은 그보다는 좀 약한 보석이다.
- 도깨비의 방망이는 보석으로 만들어진 방망이와도 비슷하다.
- 손오공의 여의봉은 도깨비의 다른 모습이다.

지니 명상 1 – 명상이란 무엇인가?

· 삶과 사물의 본질을 알게 되는 과정이다.
· 잠자는 자신의 재능을 일으켜 세우는 과정이다.
· 내재한 자신의 참 자아를 드러내는 과정이다.
· 자신의 인생을 꽃피우는 과정이다.
· 자신의 삶을 주도적으로 만들어나가는 과정이다.
· 자신의 경제적인 불행을 행운으로 변화시키는 과정
  이다.

지니 명상 2 – 명상을 통해서 우리가 얻을 수 있는 것들

· 생각을 객관적으로 지켜보는 것이 가능해진다.
· 생각과 결합한 자아를 지켜보는 것이 가능해진다.
· 부정적인 생각을 분리할 수 있다.
· 긍정적인 생각을 자신의 것으로 일체화할 수 있다.
· 생각을 실천하는 실천력의 습관을 빠르게 체화시
  킨다.

개인
중소기업
대기업
을
변화시키는
도깨비 명상
프로그램

010 7497 9957

2장

지니를 사용하는 방법

1절 이 책이 만들어진 배경

이 책은 보통의 아이들이나 주부, 대학생, 직장인 그리고 각 분야의 전문가, 장년, 어르신까지 모든 사람이 보고 느끼면서 체험할 수 있도록 구성되어 있습니다.

1982년, 저는 대학 물리학도일 때 프리초프 카프라 교수의『현대물리학과 동양사상』이라는 책을 접했습니다. 그 책에서 모든 조건이 같은데도 아침과 저녁에 따라 실험 결과가 달라진다는 사실과 그 실험에 사람의 마음이 매개변수가 된다는 것을 알고 바로 심리학으로 전과해서 연구하기 시작했습니다.

그 당시 심리학은 통계학이라는 학문을 끌어와 아주 제한된 폭으로 사람의 마음을 가두는 것 같이 보였기 때문에, 동서양의 형이상학에 관련된 자료와 문헌을 따로 공부하고 연구했습니다. 그래서 물리학과 심리학에서 풀지 못했던 부분을 형이상학으로 풀었고, 그러한 가르침과 문헌이 중요하다고 판단해 출판사를 운영하여 고대 지혜와 연관된 전문적인 문헌 자료들을 번역해서 소개했습니다. 그리고 1998년 IMF 직후에는 서울 강남 대치동으로 이동했습니다.

서울에서 다양한 사업과 교육 관련 일을 하면서 느낀 것은 현실과

원리와 법칙 사이에 괴리가 많고, 사람들이 본질적인 것보다 현실적인 것에 너무 집중하고 있다는 것이었습니다. 그래서 1998년부터 10년 단위로 사람과 사회의 흐름을 보면서 나름대로 준비해왔고, 세상도 빠르게 변화하면서 2000년대부터는 '유답'이라는 교육 프로그램을 포함, 사람들의 수용이 점점 깊어지는 구도의 프로그램들이 나오기 시작했습니다. 급기야 2016년 『도깨비』라는 드라마까지 방영되는 것을 보고 이제는 제가 준비한 것들을 실행해도 되겠다 판단하고 진행하게 되었습니다.

다양한 자기 계발서와 능력, 역량 계발, 핵심역량 등의 용어가 난무하지만, 정작 그러한 것을 어떻게 계발해야 하는지 원리적으로 설명한 책이 없어, 오랜 시간 공부하고 연구해온 것을 바탕으로 종합적이고 개별적인 구도의 방법론을 만들 필요성이 생겼습니다. 그래서 이 책은 다양한 연령대와 여러 분야의 사람들, 그리고 자기 계발 분야의 사람들에게 공통적인 열쇠를 제시하는 역할을 할 것입니다.

물리학을 전공한 사람으로서, 객관적이고 과학자적인 시야에서 난해하고 추상적인 영역이라고 말하는 형이상학을 지난 37년간 실험하고 검증하는 시간을 가졌습니다.

그래서 무슨 황당한 소리를 하는 거냐고 물으실 수도 있습니다. 우

소·원·을·들·어·주·는·지·니

선 글은 마음과 가슴으로 읽어주시고 실험과 검증은 철저하게 진행하며 나아가시기 바랍니다. 그러면 이유는 알 수 없지만, 자신의 생각이 묵직해지고 어떤 작용을 일으키고 있음을 감지하고 확인하게 되실 겁니다. 한국의 전체적인 생산성을 향상하는 책이 되고, 그 결과로써 통일을 이루는 것에 일조하게 된다면 이 책의 내용을 위해 평생 공부하고, 연구하고, 검증해온 사람으로서 가장 큰 보람이 될 것입니다.

신화·전설·설화들이 상상이 아니라 실제 존재했었고, 그러한 삶을 우리가 다시 살 수 있다는 것과 절대자와 소통이 되고, 하나가 되는 길을 걸어갈 수 있다는 것을 인지하고 인식하는 계기가 되었으면 합니다.

『도깨비』라는 드라마를 재미있게 보셨으리라 생각합니다. 사람이 지니가 되고, 지니인 도깨비를 여자 주인공이 소환하는 과정도 재미있었지만, 악한 상념과 기운이 뭉쳐져서 사람에게 해를 끼치고, 안 좋은 일을 부르고, 생명을 앗아가는 악의 초점에 해당하는 귀신이자 악의 지니인 박중헌도 흥미로웠습니다.

현재 세상에서 우리도 공유 같은 지니를 소환할 수 있습니다. 또한, 악의 지니인 박중헌 같은 존재가 실제로 안 좋은 영향을 끼치고 있습니다. 민감한 샤먼이나 성직자들은 그러한 존재들을 감지합니다. 그

래서 불교, 가톨릭, 기타 종교에는 퇴마사가 있습니다. 그들은 악의 지니를 쫓아냅니다. 예수님은 신들린 사람에게서 그런 지니를 제거하거나 쫓아내는 시범을 여러 번 보였습니다. 실제로 정신병원에 오는 사람 중 악의 지니가 부분적으로 장악하고 있거나 또는 완전히 장악한 경우가 적지 않습니다.

우리나라에서 300만 부 이상 판매된 이지성 작가의 다락방 시리즈는 많은 사람들에게 꿈과 희망을 심어주는 시크릿의 중요한 심상화 기법은 제시했지만, 이면에 숨겨진 공식에 대해서는 간과한 측면이 있습니다. 그리고 명상, 시크릿, 끌어당김의 법칙을 부정한 오류가 있기에 이를 바로잡을 필요성을 느끼고 저는 이 책을 만들게 되었습니다. 그리고 자기계발서에서 언급하는 중요한 맥락과 흐름 중 핵심이 빠져있기에 그 부분을 공식으로써 채우면 좋겠다는 생각도 했습니다.

우리나라는 두뇌계발을 중시합니다. 자원이 부족한 여건 속에서 급성장을 이루어왔지만, 통일 이후 비약적으로 도약하고 성장하려면 모든 분야의 전문가에게 도움이 되는 공식이 필요합니다. 그리고 인적 자원을 가장 중요하게 여기는 우리나라에서 인재를 양성하고 그들의 역량을 최대한 활성화하는 일에 있어서 아주 중요한 공식과 법칙을 글로써 알려드리는 것도 필수적인 일이라 보았습니다.

일본의 마쓰시타 정경숙은 1979년 그 당시 1,700억, 현재 돈으로 약 1.2조에 달하는 돈을 투입해서 인간의 행복, 번영, 평화만을 위한 학교를 만들었으나, 일본에 국한되는 측면이 있었습니다. 저는 한국에 그러한 학교가 만들어지되, 앞으로는 세계 전체의 번영, 발전, 평화를 위해서 관점을 확장하는 것이 절실하다고 생각했습니다.

물리학에서 심리학으로 전과할 때, 1차로 영향을 받은 책은 현대물리학과 동양사상이고, 2차로 영향받은 사람이 마쓰시타 정경숙을 만든 마쓰시타 고노스케입니다. 우리나라에도 이런 학교가 있으면 좋겠다고 생각하여 사업을 진행해 많은 돈을 버는 것을 구상했습니다. 그러한 구상을 실행하며 지금까지 왔고, 이제 다수가 마음과 정신을 스스로 객관적으로 볼 정도의 계제와 단계가 된 듯하여 한국에 이러한 학교가 만들어지는 것이 통일과 세계의 번영, 발전, 무엇보다도 평화에 가장 중요한 것이 되리라 생각합니다.

1980년 이후로 우리는 중동 전쟁을 포함한 다양한 국지전을 지켜보았고, 지금도 전쟁의 위기를 느끼면서 살얼음판 걷듯이 나아가고 있습니다. 평화는 그 어느 때보다 필요합니다. 핵전쟁의 위해는 심각한 것이고 세계의 전쟁을 감소시키기 위해서는 다양한 분야의 전문 인재들이 나와서 각 나라에 중요한 일을 진행할 때 막을 수 있습니다. 인류에게서 전쟁이라는 단어가 사라지는 것이 최우선입니다.

독자 여러분에게는 자신의 삶을 안정화하고 이타적인 마음을 실천하는 것이 필요합니다. 그래서 한국과 세계의 안정과 평화를 달성하도록 도와줄 인재들을 키우는 한국식 '마쓰시타 정경숙'인 '아리안 500'이라는 교육기관이 필요합니다. 각 분야의 전문가들 500명이 연계되면 어떤 일도 가능하리라 생각합니다. 한국과 세계의 일을 처리하는 중요한 인재가 나올 수 있는 진정한 의미에서의 학교를 만드는 것이 현시점에서 한국이 해야 할 가장 중요한 일이라고 봅니다.

2절 지니를 창조하는 다양한 에너지 회로

나

세상의 중심, 모든 것의 창조자

일체 모든 것과 연결된 핵심적인 존재

생각

생각을 통해서 모든 것을 설계하고 창조한다.

따라서 생각은 모든 것의 시작이고 하나의 물질과 같다.

감정

생각이라는 밀가루를 부드럽고 강하게 또한 유연하게 변화시키는

에너지.

회로

감정이라는 에너지 회로와 생각이라는 지성의 회로가 매 순간 우

리의 두뇌에 저장됨.

감성 회로

우리의 다양한 감정은 에너지를 가지고 두뇌의 반도체 회로를 만

듭니다. 부정적인 감정 회로는 거칠어서 창조적인 용량이 아주 적습니다. 반면 긍정적인 감정은 에너지 회로가 아주 섬세해 용량도 크고 굉장히 밝은 회로를 만듭니다. 감정이 섬세하게 변화되어 감성으로 변하면 인간의 잠재력을 극대화하는 감성 회로가 만들어집니다. 감성 회로의 용량은 창의성과 직결되고 창의성은 모든 부유함의 원천입니다. 그러므로 긍정적이지 못한 감정이 만드는 감정 회로는 합선, 단선 등 사고를 자주 일으켜 에너지 회로의 구실을 못 하는 경우가 많습니다. 긍정적인 감정 회로는 점차 감성 회로로 변화되면서 강력한 창의성을 만들어냅니다. 이것이 성공하는 사람의 회로입니다. 따라서 실패가 잦은 사람은 자신의 감정 회로를 부정에서 긍정으로 변화시켜가야 합니다. 좋은 음악, 따뜻한 마음, 이타적인 봉사 등을 진행하여 긍정적이고 밝은 감성 회로를 새롭게 만들어가야 하는 것입니다.

이성 회로(지성 회로)

이성 회로는 논리 회로로써 추리, 분석, 판단, 결정 등에 영향을 주는 다양하고 많은 정보와 지식으로 형성됩니다.

오성 회로(각성 회로)

지식이 융합되고 경험이 깊어지고 사람들의 경험을 경청하고 자신의 것으로 소화하는 과정에서 형성되는 입체적인 회로입니다. 진정

한 의미의 창의성 회로지요. 좌뇌의 정교한 지성 회로와 우뇌의 정화된 감성 회로가 결합하면서 오성 회로가 만들어집니다. 감정 회로 중에서 부정적인 감정 회로가 걸러지고 긍정적인 감정 회로가 감성 회로로 만들어집니다. 긍정적 감성 회로가 진정한 의미에서 지성 회로와 결합합니다. 정교한 지성 회로는 자신과 비슷하게 정교해진 긍정적인 감성 회로와 합쳐집니다. 따라서 우리의 감정을 아름답고 밝게 변화시키는 과정에서 지성 회로와 융합이 이루어지고, 그 결과 우리는 확장된 두뇌의 회로에 의해서 오성 회로가 열리는 것이지요. 그러므로 오성은 모든 분야의 전문가에게 절실히 필요한 아이디어와 영감을 선사하고, 신기술과 발전에 지대한 도움을 줍니다. 오성 회로가 확장되고 발전함에 따라서 아이디어를 생산하는 육감, 영감, 직관의 역량도 커집니다.

깨달음 회로

오성 회로가 발전하면서 소위 돈오점수와 돈오돈수의 과정이 만들어집니다. 돈오점수는 오성 회로가 열려 작은 깨달음이 얻어지는 순간 이루어지고, 돈오돈수는 오성 회로들이 융합과 통합 과정을 거듭하여 아주 큰 덩어리의 회로가 형성되면서 거대한 깨달음의 회로가 완성되었다는 뜻입니다.

소·원·을·들·어·주·는·도·깨·비

성격

삶을 사는 여정 동안 감정 회로와 생각 회로에 의해서 형성되는 자신의 독특한 회로

기질

자아에 저장된 삶의 회로 중에서 감정적으로 긍정적인 회로와 부정적인 회로가 존재하는데, 이러한 회로가 섞여서 그 사람의 기질로 보통 표현됩니다.

자아

성격이 형성시킨 다양한 인생 경로는 하나의 이상적인 회로를 구성하고, 그 회로의 총체를 자아라고 부릅니다. 자아가 이성 회로에서 오성 회로로, 최종적으로 깨달음의 회로로 나아가는 동안 다양한 단계의 자아실현을 이루게 됩니다.

지식

자아가 경험하거나 타인의 경험 속에서 얻게 되는 정보

지혜

압축된 정보나 융합된 정보, 보편적인 원리와 법칙

두뇌

모든 지식과 지혜는 두뇌에 저장되어 숙성됨

의식

두뇌를 가동하는 프로그래머

현재의식- 외적인 자아

두뇌 외부에서 일어나는 모든 경험을 수용하고 입력시키는 입력
장치

잠재의식- 내적인 자아

두뇌 내부로 저장된 모든 정보를 관리하고 이용하는 주체. 칼 융의
집합적 무의식을 통해서 다른 사람의 잠재의식의 정보와도 연계되
고 사용 가능

무의식

의식이 없는 잠재의식

집합적 무의식- 인류의 내적인 자아

인류 전체의 잠재의식을 하나로 통합시켜놓은 개념
모든 사람의 잠재의식과 연결된 포탈개념의 무의식

초월의식– 상위자아

하늘의 절대자와 현재의 자신을 연결하는 자아

우리가 당면한 모든 문제 및 불행의 원인과 과거의 문제의 원인을
변화시키는 핵심 열쇠를 찾아내는 중요한 자아

이러한 기본적인 개념을 바탕으로 우리는 자신의 역량을 활성화하
고 확장하는 진정한 자기 계발을 시작할 것입니다.

3절 지니가 만들어지는 과정

생각이 존재하는가?

생각은 어떤 작용을 일으키는가?

원하는 것은 왜 잘 구현되지 않고 시간이 오래 걸리는가?

생각은 과연 무엇인가?

생각하는 것은 또 무엇인가?

시크릿이라는 창조를 일으키기 위해서 기본적으로 알아야 할 중요 개념이자 원리를 살펴보겠습니다.

생각은 우리가 원하는 것을 창조하는 씨앗입니다.

감정은 우리가 원하는 것을 활성화하는 불(에너지)입니다.

의식은 살면서 느낀 다양한 생각과 감정의 에너지 그물구조입니다. 현재의식은 매 순간 보고, 듣고, 느끼는 주체입니다.

잠재의식은 매 순간 우리가 생각하고 집중한 모든 것이 저장되고 기록되는 창조의 청사진입니다.

우리는 의식과 무의식, 잠재의식을 통해서 입력하는 모든 정보, 생각, 이미지가 우리의 삶을 창조한다는 사실을 단지 인지하지 못하고 간과하고 있습니다. 생각은 우리가 원하는 것을 창조하는 틀로써 작

용하고, 감정은 그것을 빠르게 현실에 작용시키는 불입니다.

 생각을 밀가루라고 상상해봅시다.

 우리가 어떤 생각을 하느냐에 따라서 밀가루는 다양한 형태로 반죽
이 됩니다. 밀가루는 불과 효모와 설탕, 우유 등 다양한 부가적인 요
소가 첨가되면서 여러 가지 맛과 모양의 빵으로 만들어집니다. 마찬가
지로 우리가 생각하는 순간, 그 생각을 통해서 원하는 것을 창조하는
1단계에 들어갑니다. 2단계는 밀가루를 숙성시키는 것처럼 우리가 원
하는 것을 구체적으로 형상화하는 시점입니다. 이 기간이 사람에 따
라서 길게도, 짧게도 흘러가기에 도중에 포기하거나 잊어버리고, 자신
이 원하는 것에 대한 생각을 다른 것으로 바꿔버리기도 합니다.

 결과적으로 자신이 처음에 원하던 것이 흩어져버리게 되는 것이
지요.

 이러한 부작용을 줄이기 위해서 우리는 밀가루를 빵으로 바꾸듯
이 감정 속에 강렬한 희망과 바람의 불꽃을 가해주어야 합니다. 그러
면 현실에 우리의 꿈이 갑자기 허공에서 드러나듯이 현실화됩니다.
무에서 유로 갑자기 나오는 것처럼 보이지만, 우리가 생각하고 그 생
각에 강렬한 불꽃을 가함으로써 아주 빠르게 구현됩니다. 따라서 우
리가 가진 열망, 소망이 강하면 우리의 꿈은 아주 빠르게 구현되어

기적이라고 하는 상황이 만들어집니다. 물을 포도주로 바꾼 것과 오병이어가 과연 기적일까요? 정묘한 생각에 강렬한 바람의 에너지를 집중하면 누구나 현실적인 창조가 가능하지 않을까요?

"겨자씨만 한 믿음이 있으면 여기에 있는 이 산을 저리로 가라 하면 산도 움직일 것이다."

위의 성경 구절은 과연 진실일까요? 이러한 다양한 기적, 우리가 원하는 꿈을 현현하는 과정은 모든 성자가 행했던 것과 같은 방식을 거쳐서 구현됩니다. 자연과학의 원리와 법칙을 발견한 과학자들이 수학과 물리학의 공식을 만들어내듯이 우주와 자연의 모든 것에는 공식이 존재하고, 그러한 공식을 통해서 우리는 원하는 것을 창조할 수 있습니다. 시크릿과 끌어당김의 법칙은 당연히 있고, 그러한 원리를 바탕으로 성공한 사람들이 많이 존재합니다. 성공한 사람들이 공통으로 사용한 원리와 방법을 책자로 만들기 위해서 강철왕 카네기의 요청에 따라 전 세계 성공자를 인터뷰해서 정리한 사람이 나폴레옹 힐입니다. 『생각하라! 그러면 부자가 되리라』라는 책은 7,000만 부라는 경이적인 판매로 베스트셀러가 되었습니다.

사람은 누구나 이러한 원리를 내부에서 이해하고 있고 사용할 수 있으나, 세상 사람들이 만드는 부정적인 공식과 삶의 패턴에 영향을

받아 무시하게 되고 거부합니다. 그래서 우리 내부에 숨어버리게 되었습니다. 수학과 물리학 공식처럼 우리 내면에 존재하는 공식은 우주의 모든 대상과 존재를 관통하는 원리입니다. 그 때문에 모든 사람이 신성한 절대자를 찾게 됩니다. 자기 내부의 절대자와 자신의 궁극적인 근원을 찾아내는 사람은 시크릿과 창조의 법칙을 이해하게 되어 자신이 원하는 모든 것을 창조하고 바라는 삶을 누리게 됩니다. 이러한 향유는 모든 사람을 진정 물질적, 영적으로 발전시키는 일을 행하는 과정에서 더욱더 발현되어서 시너지와 가속도가 점점 더 증가하게 됩니다.

이 책을 통해서 진행하고자 하는 핵심이 바로 이 부분이고, 이러한 것을 여러분의 인생에서 구현하고 발현하는 공식을 구체적이고 단계적으로 쉽게 이해할 수 있게 체계화해서 누구나 가장 행복한 삶을 가장 빠르게 구현하는 여정을 시작하고자 합니다. 모든 사람의 생각과 마음은 핸드폰 전파처럼 연결되어 있습니다. 따라서 우리가 원하는 것을 구현하는 과정에서 방해전파이자 공명을 저해하는 에너지 파동인 사람들의 집단 무의식을 넘어서는 것이 중요합니다.

개인의 의식에서 현재의식과 잠재의식을 말했습니다. 잠재의식 중에서도 의식을 지닌 잠재의식과 의식이 없는 잠재의식으로 다시 나누어집니다. 우리의 모든 경험은 의식이라는 필름으로 변환되어 잠재

의식에 저장됩니다. 그중 우리가 원하는 필름은 수시로 찾아 상영하면서 과거에 경험한 느낌과 생각 속으로 빠져들어 갑니다. 그러나 과거의 특정한 필름을 반복상영하면서 현실에 그러한 장면들이 반복해서 창조된다는 것을 사람들은 잘 인지하지 못합니다.

무에서 유로 나오는 과정이라 이해하기가 어려운 것이죠. 그런데 사람들은 긍정적인 필름보다는 부정적인 필름을 더 많이 사용합니다. 따라서 삶이라고 하는 TV에 희망과 즐거움보다는 고통과 슬픔이 더 많이 방영됩니다. 강렬한 고통과 부정적인 사건을 경험한 사람은 이 필름이 너무 강하게 잠재의식 속에 박혀있기에 하루에도 수십 번 재방송합니다. 그래서 삶은 엉망이 되고 고통은 계속 삶에 나타나 트라우마에 시달립니다. 이러한 트라우마가 장기간 강하게 새겨진 사례가 전쟁터에서 돌아온 사람이 잘 적응하지 못하는 경우입니다. 공황장애와 기타 정신적인 질병을 앓을 위험이 있죠. 전쟁터에서 강하게 새겨진 잠재의식의 필름이 너무 빠르고 자주 방영되는 까닭에 현실보다는 잠재의식의 세계에 더 많이 머무르게 되는 것입니다. 그래서 정신병에 시달리게 됩니다.

인류가 공통으로 사용하는 클라우드 환경이 존재합니다. 인류의 트라우마와 정신적인 고통이 저장된 잠재의식의 공간을 우리는 집단 무의식이라고 합니다. 집단 무의식은 모두가 공유하기에 서로에게 수

시로 작용합니다. 그래서 부정적인 필름과 감정들이 우리에게 수시로 옵니다. 우리는 우리가 원하는 꿈을 꾸기도 어렵고, 꿈을 현실화시키는 과정이 무척 고단하고 힘들게 됩니다.

우리가 넘어야 할 산은 집단 무의식의 부정적인 생각과 감정이 첫 번째이고, 두 번째는 자신의 내면에 저장된 부정적인 경험과 트라우마들이며, 세 번째는 현재 우리가 보고, 듣고, 느끼는 다양한 정보와 세상의 관념에 의해서 설정된 부정적이고 제한된 생각, 개념, 관념, 이론들입니다. 이러한 산들을 넘어서면 원하는 것들이 아주 쉽고 빠르게 구현되는 것을 체험하게 됩니다.

현재의 자아는 지금까지의 경험에 의해 제한되고 위축된 자아로서, 우리의 경험이 풍부해지고 확장함에 따라 자아도 커지고 확장됩니다. 따라서 자아라는 개념은 매 시점 제한된 관점의 자아로 이해하는 것이 좋고 이 자아가 자라면서 우리가 원하는 시크릿을 구현하는 역량도 점점 커지게 됩니다. 성격은 자아의 경험 중 최대공약수에 해당하는 것이 쌓여 내부에 형성되는 딱딱한 자아입니다.

삶이 성숙하는 과정은 처음에는 우리가 원하는 감정적인 욕망에서 시작하여 개인적인 소망으로, 더 나아가서 이타적인 소망으로 발전하게 됩니다. 그 뒤에 미션으로서 우리에게 나타나지요.

우리는 보고 듣는 것에 1차로 영향을 받습니다. 이미지가 우리 마음에 새겨지고 그 이미지를 생각하거나 이미지에 반응함으로써 우리의 삶은 그 이미지에 맞게 펼쳐집니다. 따라서 태교는 어머니가 아이를 위해서 행하는 아주 중요한 행위이며, 우리는 자신을 위해서 긍정적인 생각, 정보, 책, 이미지, 영화를 접하는 것이 매우 중요합니다. 컴퓨터는 프로그램에 따라서 정확히 원하는 결과를 만듭니다. 인터넷에서 키워드를 검색하면 연관된 정보들이 주르륵 나타납니다. 마찬가지로 우리는 마음과 지성에 입력된 정보에 의해서 1차로 영향을 받습니다. 2차로 우리가 수용한 정보에 대해서 긍정적인 이미지를 부여하느냐, 부정적인 이미지를 부여하느냐에 따라 다시 영향을 받습니다. 이유는 우리가 생각하는 이미지와 느낌은 우리 자신의 자아로 만들어지고, 그 자아는 세상을 바라보는 하나의 렌즈와 컴퓨터로 작용하기 때문입니다. 우리는 세상에서 다채로운 경험을 하고 그 경험 속에서 다양한 관점을 가지게 되는데, 긍정적인 관점을 가지느냐 부정적인 관점을 가지느냐에 따라 우리 내부의 자아가 긍정적인 자아가 되느냐, 부정적인 자아가 되느냐로 판가름 납니다.

자아가 모든 것을 창조하고 만드는 주체라 했을 때, 1차로 긍정적인

소·원·을·들·어·주·는·도·깨·비

정보와 친구들을 통해서 좋은 정보와 이미지가 두뇌에 들어오도록 하는 것이 중요하고, 2차로 설령 부정적인 경험과 난관 및 실패가 오더라도 그 속에서 긍정적인 이미지를 찾아낸다면 우리의 자아는 긍정적인 자아로 존재하고, 그 경험이라는 자양분을 독 대신 약으로 치환하여 더 큰 성장과 발전을 이루도록 해줍니다. 모든 것을 창조하고 만드는 주체는 우리이고 우리에게 다가오는 다양한 이미지, 모든 경험의 이미지를 얼마나 긍정적인 형태로 계속 생각하고 집중하는가에 따라 우리의 삶은 그러한 형태로 다시 주조되고 창조됩니다.

정리하겠습니다.

생각은 모든 것을 창조하는 거푸집이다.

그 생각에 에너지를 부여해서 만물을 창조하는 것은 우리 영혼의 에너지다.

영혼의 에너지가 육체를 통해서 경험한 것이 우리의 자아다.

자아는 자신에게 들어오는 긍정적인 이미지에 의해서 긍정적인 것을 창조하는 '창조자'가 된다.

여기까지는 태교처럼 스스로 노력해서 만들어지는 기본 여정이자 과정입니다. 다음 단계는 사람에 따라서 차이가 크기에 성공하는 사람과 실패하는 사람으로 나누어집니다. 성공하는 사람은 부정적인 경험, 실패, 난관을 통과하면서 자신에게 도움이 되는 지혜를 찾아내는 역량이 탁월하고, 그 지혜는 긍정적인 이미지로 자아에 저장되어 삶을 긍정적인 형태로 재창조합니다. 실패하는 사람은 부정적인 경험, 실패, 난관을 그대로 받아들여 자아가 부정적인 이미지로 채워져서 부정적인 것을 다시 재생산하고 재창조합니다.

자 여기에 핵심이 있습니다.

성공과 실패의 경험은 누구에게나 일어난다. 대다수 3번 이상의 실패와 파산을 경험한다. 그러한 실패 속에서 성공하는 사람과 실패하는 사람으로 나뉘는 가장 중요한 분기점은 자아가 자신의 경험 속에서 밝은 측면에 집중되어 있는가이다.

모든 사람의 자아는 본질상 같고, 항상 자기 생각과 이미지대로 창조하는 역량을 발휘하는 실체입니다. 그 자아가 긍정적인 것을 창조하는 사람을 성공자라고 부르고, 부정적인 것을 창조하는 사람을 실패자라고 부릅니다.

단지 자신의 자아라는 영사기에 어떤 필름을 상영하는가에 따라서 우리의 잠재의식이 영사된 것을 그대로 창조하는 것입니다. 우리는 긍정적인 생각을 하는지 부정적인 생각을 하는지를 매 순간 관찰해야 하고, 부정적인 생각은 걸러내고 긍정적인 생각을 이미지로 계속 방영해야 합니다. 이러한 자아를 우리는 '연금술적인 자아'라고 합니다. 영혼 불멸의 에너지를 사용해서 긍정적인 것을 창조하는 존재가 된다면 우리는 불가능 따윈 없는 위대한 인물이 됩니다. 납을 금으로 변환하는 고대 연금술사와 같이 우리는 각자의 부정적인 납의 삶을 긍정적인 금의 삶으로 변환해야 합니다. 이 책에서 우리는 성공한 사람들의 사례를 보면서 이러한 연금술의 원리를 조망할 것입니다. 그리고 성공한 사람들이 어떻게 적용했는지 사례를 들어가면서 우리의 납과 같은 삶을 금과 같은 삶으로 변화시키는 원리와 법칙을 공부하면서 현실에 적용해갈 겁니다.

1차로 드러난 성공한 사람들의 원리와 공식이 있고, 2차로 그 이면에 숨겨진 원리와 공식이 있는데, 이러한 지혜는 고대의 마스터나 성인들의 가르침 속에 축약되어 있어서 물에 사탕을 녹이듯 함축된 지혜를 녹여서 소화하는 과정이 필요합니다.

두 가지 원리와 법칙을 하나로 녹여서(멜팅) 적용해가는 여정을 연금술의 자아를 완성해가는 과정으로 이해하면 좋겠습니다.

1. 연금술사가 되는 방법

우리는 삶의 연금술사로서 우리가 원하는 삶을 창조합니다. 납을 금으로 변화시키는 과정을 삶 속에서 구현하는 게 연금술이고, 누구

나 그러한 삶을 살고 있습니다. 단지 그 여정이 길고 납이 금으로 변하는 시간이 길기에 변화를 느끼지 못하는 것뿐입니다. 기존의 삶의 여정에서 새롭고 밝고 발전된 여정으로 변화시키는 방법이 연금술이고, 그러한 변화를 빠르게 하는 사람을 연금술사라고 부릅니다. 우리는 조금 느리게 진행하는 연금술사입니다. 방법은 아주 쉬우나 이해하기 어려울 뿐입니다. 실험해서 검증하여 체득해가게 되면 그다음 단계로 가는 것은 빠릅니다.

2. 알라딘의 마법의 램프 만들기

제일 처음에 해야 할 일은 연금술을 일으키는 램프의 요정 지니를 만드는 것입니다. 우리는 매 순간 하나의 생각으로써 하나의 지니를 만듭니다. 생각은 물질화되기 직전의 에너지입니다. 우리가 전파로 서로의 목소리를 전달하듯이 생각으로 사람들 사이의 연결과 만남이 이루어집니다. 사람을 만나면 서로의 생각, 이념의 파동에 따라서 연계되고, 시너지가 만들어지는 비율에 따라 일의 진행 여부가 결정됩니다. 그 중간 과정에서 서로의 생각과 감정회로가 짜여지면서 그 시너지만큼 일의 결과가 나타납니다. 따라서 우리는 형상으로써 만나지만, 실상 중요한 것은 서로의 생각과 감정회로의 일치도, 시너지, 융합의 정도입니다. 가까이 있는 시간이 적고 떨어져있는 시간이 많다고 하더라도, 그 시간 동안 서로의 생각과 감정회로가 또 다른 결과를 만들어냅니다. 우리의 생각은 하나의 지니처럼 작용하고 우리가 원하는 것을 찾

아내고, 연결하고, 일로서 구체화합니다. 우리는 지니에 의해 시중에 나온 모든 자기 계발서의 열쇠를 손에 쥐게 됩니다. 고대의 지혜와 가르침에서는 지니가 요정, 천사, 도깨비 등 다양한 형태와 등급으로 존재한다고 말합니다. 사람의 성격과 자아의 회로는 복잡합니다. 하나의 생각에 집중해서 강하게 곰곰이 생각하면 강력한 지니가 만들어집니다.

부메랑의 법칙, 인과의 법칙, 카르마의 법칙이라는 철학과 종교의 기본 바탕이 원리와 법칙, 공식으로써 우리에게 다가오는 이유를 이제는 알 수 있습니다. 우리의 생각과 감정은 계속 지니를 만듭니다. 좋은 생각은 좋은 지니를, 나쁜 생각은 나쁜 지니를 만듭니다. 그 지니들은 많은 사람에게 우리의 생각을 전달하고 다시 우리에게 돌아옵니다. 돌아올 즈음에는 천사와 악마로 변해 있습니다. 따라서 좋은 씨앗을 심으면 좋은 결과가 나쁜 씨앗을 심으면 나쁜 결과가 우리에게 돌아옵니다. 항상 좋은 생각을 하고 좋은 마음씨를 가지라고 하는 이유가 여기에 있습니다. 생각과 감정이 지니이고, 그것이 성공과 실패를 가르며, 행운과 불행을 만듭니다. 여러분이 알라딘의 마법 램프이고, 그 램프는 여러분의 두뇌에 있고, 여러분의 두뇌에서 매 순간 행하는 생각이 하나의 지니를 만들어냅니다. 이러한 내용은 물리학적인 실험과 검증으로 지난 37년을 살아오면서 얻어진 결과이고, 심리학을 바탕으로 실험을 설계해왔으며, 형이상학의 고대 지혜를 바탕으로 가설을 설정해 결론에 도달했기에 아주 중요한 결실이라는 것을 여러분들은 매 페이지에서 확인하게 될 것입니다.

소·원·을·들·어·주·는·지·니

5절 마법 관련 베스트셀러 속에 있는 지니들

쉽게 접근하기 위하여 다양한 베스트셀러를 참고할 것입니다.

지니에 관한 풍부한 이야기는 마법을 소재로 한 영화와 소설들입니다.

연금술사

해리포터

나니아 연대기

호빗

반지의 제왕

고대의 마법에 대한 소설이자 영화들입니다. 이러한 책들은 대부분 엄청난 히트를 기록했는데, 현재 인류의 마음속에는 이러한 것에 대한 갈증과 궁금증이 있기 때문입니다. 특히 알라딘의 램프의 요정 지니는 우리가 말하는 모든 것의 가장 핵심 근간입니다.

보물섬의 저자 로버트 루이스 스티븐슨은 매일 밤 자신의 요정들인 브라우닝에게 좋은 소설의 줄거리를 알려달라고 요청합니다. 그래서 꿈속에서 보았던 이미지를 글로 옮겼습니다. 그게 보물섬입니다. 위에서 언급한 소설들도 마찬가지로 작가들이 간절히 원하는 것을

소·원·을·들·오·주·는·도·깨·비

자신의 지니에게 요청함으로써 지니들이 좋은 스토리를 알려주었다고 보아도 되겠습니다. 벤젠의 화학 구조식도 오랜 시간 그 문제를 해결하기 위해서 몇 개월간 연구하다가 낮에 잠시 졸면서 본 뱀이 자신의 꼬리를 물고 있는 이미지대로 만든 것입니다. "우리가 원하는 것은 이미 세상에 존재하기에 우리가 원한다."라는 유명한 말이 있습니다. 그러나 우리가 원하는 것을 달성하기 위해서 계속 생각하고 심상하고 기다리라고만 하지, 구체적인 원리와 방법을 알려주지 않고, 얼마나 기다려야 하는지도 명시하지 못했죠.

여기에서 우리가 알게 되는 것은 지니는 우리의 생각으로 만들어진다는 것과 지니에게 우리가 원하는 것을 가져오도록 요청하는 것이 가능하다는 겁니다. 무엇보다 우리가 원하는 것이 반드시 달성될 수 있다는 믿음과 신념에 의해서 우리는 꿈을 이루게 됩니다. 신념의 마력 『The Magic Believing』이라는 책에서 클로드 브리스톨은 우리가 가지는 신념이 우리가 원하는 것을 구현하는 다양한 사례를 알려줍니다. 이 책에 나오는 수많은 사례들을 통해서도 여러분은 지니가 존재함을 또한 알 수 있습니다.

지금까지 소개한 지니라는 새로운 개념을 이해한 상태에서 위의 마법과 마법사에 대한 작품을 다시 본다면 그 이면에 존재하는 이야기의 흐름을 알아챌 수 있을 것입니다. 그리고 우리가 원하는 것을 달성할 수 있다는 실제적인 가능성을 충분히 파악할 수 있을 것입니다.

6절 지니 만들기

우리는 이러한 내용을 바탕으로 현실의 다양한 장르에 지니를 적용하는 법을 배우게 될 겁니다. 진정한 의미의 자기 계발은 자기계발서에 나와 있는 방법대로 하되, 그 방법 이면에는 이러한 지니가 가장 중요한 작용을 하고 그 결과를 만들어내는 핵심이라는 것을 기억하십시오.

손오공이 자신의 머리카락을 불어서 분신을 만드는 것과 같이 우리는 매 순간 생각으로써 분신을 만들어냅니다. 그 생각의 분신은 비슷한 생각을 하는 사람에게 작용하고 돌아와서 사람들에게 도움을 준 만큼 우리에게 좋은 아이디어와 영감을 불러일으킵니다. 따라서 우리는 삶 속에서 행위만 도덕적으로 할 때는 10% 정도의 도덕적 삶을 살아가는 것이고, 나머지 90%는 생각과 감정으로 태어나는 지니가 만듭니다. 이에 따라 우리의 삶이 어두워지거나 밝아집니다.

모든 종교와 형이상학 가르침에서 가장 중요하게 말하는 부분은 올바른 생각과 밝고 긍정적인 생각입니다. 삶이 밝아지고 풍요롭고 안정되는 것은 우리가 밝고 긍정적인 생각을 하는 순간부터 시작됩니다. 그리고 그 생각은 지니가 되어서 삶이 밝고 긍정적인 것이 되게

하며 사람들을 연결합니다. 전파는 눈에 안 보이지만, 그 전파를 통해서 원하는 사람과 의사소통합니다. 우리는 동식물과 언어는 통하지 않지만, 우리의 마음과 생각이 교류된다는 것을 느낍니다. 마찬가지로 멀리 떨어진 사람과 자신 사이에도 서로의 생각과 감정이 은연중에 전달되고 교류합니다. 우리의 생각과 감정은 지니가 전달, 수신합니다. 이게 바로 텔레파시입니다.

1. 마법사의 정의

마법사는 자기 생각을 지니로 만들어내는 역량이 많고, 그 역량에 따라서 에너지를 끌어당겨 형상화하고 창조하는 능력이 큰 사람을 말합니다. 보통 사람의 생각은 작은 지니를 만들고 작은 에너지를 가지기에 작은 결과를 만들어냅니다. 그러나 마법사는 강력한 생각과 큰 에너지로 큰 결과를 만듭니다.

아이가 차에 깔렸을 때 괴력을 발휘한 사례 등 세계에는 초인적인 힘을 발휘한 사람이 많습니다. 평상시에는 그 힘이 잠재되어 있다가 위기의 순간에 사용되는 것이죠. 마법사는 훈련으로 이러한 힘과 에너지를 모아 필요한 시점에 지니를 통해서 사용합니다. 그 결과 다양한 신비 현상과 기적을 우리는 경험하게 됩니다. 세계는 다양한 기적이 있는데, 호주 원주민은 지금도 1년에 가끔 불 위를 걷는 기행을 합니다. 땅에 넓은 구덩이를 만들고 바위들을 잘게 쪼개어서 바닥에 깔

니다. 그 위에 나무들을 올려놓고 몇 시간 불을 지핍니다. 그러면 바위가 벌겋게 달아오릅니다. 그 위를 걷는데 화상을 입지 않습니다. 이것은 의식을 진행하는 샤먼이 불의 요정이나 지니를 다루거나 불 위에 차가운 에너지의 망토를 그 위에 깐 것입니다. 결과적으로 불을 차단하게 됩니다. 이러한 사례에서 우리의 생각과 감정이 물질적인 불에도 작용할 수 있다는 것과 생각이 물질과 같다는 것을 알 수 있습니다. 따라서 우리의 생각은 물질처럼 에너지와 입자를 가지며, 우리가 생각하는 생각의 종류, 특징에 따라서 다양한 기능과 역할을 하게 됩니다.

2. 시크릿과 끌어당김의 공식

따라서 사람은 자신이 원하는 것을 이미지로 만들고 강력한 신념을 불어 넣으면 지니가 작용해서 일과 상황을 끌어당깁니다. 여기에 시크릿이 작용하는 원리를 알 수 있습니다. 원하는 것을 끌어당긴다는 개념이죠. 우리의 생각이 부정적이면 부정적인 형태가 옵니다. 시크릿과 끌어당김의 공식의 핵심은 지니가 만들어낸다는 것을 이해하는 것에 있습니다.

3. 꿈을 실현하는 공식

꿈의 실현은 생각의 강도, 이미지에 몰입한 정도, 인내를 가지고 반복해서 심상한 것에 의해서 이루어집니다. 원하는 것을 구현하는 데

도움이 되는 아이디어가 떠오를 때, 빠르게 실천하는 실행력에 따라서 소망을 성취하기까지의 시간 차이가 발생합니다. 특히 에너지가 여기에서 중요한 부분을 차지합니다. 잠을 지나치게 줄이거나 식사를 너무 빈약하게 하는 것 등에서 물리적인 에너지와 수면의 에너지가 부족하면 원하는 것을 창조하는 역량도 약해져서 꿈을 달성하는 것에 더 많은 시간이 소요됩니다. 우리의 꿈이 지니로 변화된 이후에 나무에 물과 비료를 주듯이 지니에게 애정과 관심, 인내와 끈기를 가지고 꿈이 우리에게 다가올 때까지 강한 신념과 의지를 부여하면 동시성에 의해서 우리의 꿈과 비슷한 작은 꿈들이 점점 현실에 나타나고 경험하게 됩니다. 에너지, 집중, 인내, 몰입 같은 이러한 인자로써 우리의 꿈에 애정을 쏟아가면, 꿈이 자라나는 것을 중간중간 작은 꿈의 조각들로 경험하게 되고, 그 꿈의 조각이 뭉쳐지면서 마침내 우리가 원하는 꿈으로 드러나게 됩니다. 즉 우리의 생각과 감정의 에너지는 지니이기도 하지만, 우리가 원하는 것을 창조하는 거푸집이자 질료로써 작용합니다.

꿈의 실현 = 이미지 심상·집중·몰입·에너지

4. 생각이 현실을 변화시키는 공식

항상 긍정적이고 좋은 생각을 하고, 좋은 것을 보고, 듣고, 느끼는 것이 중요합니다. 우리의 현실은 일주일 동안 긍정적인 생각과 느낌

을 지속함에 의해서 일주일 뒤의 삶의 환경을 변화시킬 수 있습니다. 따라서 매 일주일 계속 새롭고 밝은 변화를 만들어내면 한 달에 대단한 차이를 만들게 되고, 3개월마다 완전히 다른 삶을 재창조하게 됩니다. 일주일은 당연히 매일매일 하루를 열심히 긍정적으로 살고 실천하는 과정에 의해서 만들어집니다. 그래서 이러한 생각과 감정의 힘의 중요성과 창조성을 인식하는 사람은 30년 플랜으로 자신의 최고의 계획을 세우고, 10년 단위, 5년 단위의 하위 계획을 설정하고, 다시 1년, 6개월, 1개월, 매주, 매일 단위의 계획을 세웁니다.

자 우리가 가지는 생각은 삶을 창조하는 지니를 만든다고 했고, 지니는 우리의 계획을 달성시켜줄 여건과 상황, 환경을 창조한다고 했습니다. 비슷한 생각을 하는 사람끼리는 진동과 파동에 의해서 결국 만나게 되고, 우리가 원하는 삶이 창조됩니다. 30년 플랜을 세우면 30년간 지니가 얼마나 큰 규모로 창조하게 될는지는 아무도 예측할 수 없습니다. 지니에 관한 이러한 지혜를 아는 사람과 모르는 사람의 성장과 발전의 차이는 시간이 지날수록 커집니다. 우리는 좌뇌로 미래를 기획, 설계하고, 우뇌로 기획에 꿈과 희망의 에너지와 이미지를 심상하고 강렬히 집중합니다. 그리하여 원하는 것이 창조됩니다.

5. 생각의 요정인 지니에 의한 현실 창조

아름다운 생각을 하고 집중하는 순간 생각의 지니가 만들어지고, 악한 생각을 하면 악한 지니가 만들어집니다. 이 지니는 다른 사람의 생각 속으로 스며들어 가서 우리의 생각을 전달하기에 다른 사람의 생각에 변화가 일어납니다. 그래서 사람들은 생각의 변화만큼 행동에 변화가 일어나서 현실에 변화를 일으킵니다.

6. 잠재의식 속에 존재하는 다양한 지니

우리가 이전에 생각했던 각양각색의 생각은 우리가 강하게 집중하고 에너지를 부여한 만큼 하나의 지니로 만들어져서 우리의 내면, 즉 잠재의식 속에 저장되어 있다가 그 지니를 깨우는 생각이나 감정을 일으키면 지니가 각자의 현재 의식 속에 떠오르면서 우리의 삶과 현실에 영향을 미치기 시작합니다. 그래서 평상시에 좋은 생각을 곰곰이 하는 것이 좋고, 나쁜 생각이나 부정적인 감정을 오래 깊이 유지하는 것은 우리 내부에 부정적인 지뢰를 매설하는 것과 같습니다. 각각의 부정적인 지니는 우리가 그 지니를 생각하거나 지니와 유사한 생각과 감정을 가진 사람과 만나게 되면 우리 의식 속으로 나타나서 각자의 삶에 부정적으로 작용합니다.

7. 잠재의식에서 드러나는 지니

우리가 원하는 꿈과 목표를 계속 상기하면 잠재의식에 그 생각에 해당하는 지니가 만들어져서 내부에서 점점 자라게 되고, 이 지니는 외부적으로 연결 가능한 일, 사람과 연계되면서 우리가 원하는 일과 사람과 연결해 각자가 원하는 것이 달성되도록 해줍니다. 그래서 우리의 목표, 이상, 배우자, 시크릿 등은 구체적으로 정리하고 생각을 계속하게 되면 잠재의식에 저장되어 있다가 점점 상황과 여건이 무르익어 가면 지니가 현실에 작용해서 우리의 소원이 현실화되도록 해줍니다. 마법 램프의 지니와 똑같은 역할입니다. 단지, 사람에 따라서 열망과 집중과 몰입도가 다르기에 현실에 구체화하는 시간 차이만 있을 뿐입니다.

8. 납을 금으로 변화시키는 연금술의 지니

납이 금으로 변화되는 과정은 우리의 의식이 낮은 단계에서 높은 단계로 발전하는 것과 유사합니다. 낮은 단계의 납의 에너지를 높은 단계의 금의 에너지로 변화하는 것이 연금술의 원리입니다. 우리 의식의 진화와 발전에 의한 에너지 상승도 같은 원리입니다. 그래서 연금술은 물리적인 공식뿐만 아니라, 영적이면서 형이상학적인 공식이 있기에 우리의 의식이 성장하고 발전함으로써 비로소 만들어집니다. 그래서 여러 사람이 똑같은 연금술의 공식을 사용한다 해도 결과를 만들어내는 사람은 의식에 변화가 일어난 사람뿐입니다.

7절 현실의 다양한 장르에 지니 적용하기

1. 창작과 발명에서 지니 사용법

오성 회로가 열려가는 동안 음악, 미술, 조각 등 각 분야의 예술, 과학, 기술의 창작과 발명활동에서 뛰어난 작품이 나오게 되고 사람들의 공감을 잘 끌어냅니다. 지니가 작품에 존재하게 되고, 사람들이 작품의 에너지에 감동하기에 그러합니다.

2. 청소년의 꿈과 희망을 위한 지니

청소년은 어른보다 생각과 마음이 순수하고 감수성이 예민합니다. 그래서 지니를 만들기 쉽습니다. 청소년 때부터 자신의 지니를 만들고 다듬어가는 법을 배우면 꿈을 더욱 빠르게 달성할 수 있습니다.

3. 경제 활성화에 작용하는 지니

경제 활성화가 잘 안되는 가장 큰 문제점은 주기적으로 경기가 상승하고 하강할 때 사람들 스스로 그 주기에 맞춰서 안 좋은 흐름을 만든다는 것입니다. 즉 불안과 두려움이 악한 지니를 만들게 되며, 지니들은 사람들의 마음에 두려움과 공포를 일으켜 발생시킨 에너지를 통해서 점점 더 성장합니다. 성경에 "사망의 음침한 골짜기를 다닐지라도 내가 두려워하지 않을 것은 주께서 나와 함께 하심이라."라는 구절이 나오죠? 우리가 밝고 아름답고 긍정적인 생각을 지속하면 악

한 지니에 연계되지 않고 경기의 흐름에 덜 영향 받게 됩니다. 불경기라는 것은 우리 스스로가 만드는 경기하강에 대한 생각이 지니로 만들어진 결과입니다.

4. 꿈꾸는 다락방의 진정한 핵심 원리

우리가 깊게 다루고자 하는 것은 다락방의 여러 사례와 신념의 마력에서 나오는 다양한 예를 참조하여 설명할 겁니다. 책에 나오는 다양한 사례는 우리가 지니를 이해하고 적용하고 대입할 때 아주 손쉽게 모든 문제가 해결된다는 것을 알려줍니다. 현실에서도 잠속에서도, 자신이 원하는 꿈과 희망을 간절하게 심상하면 달성된다고 하지만, 정작 중요한 것은 우리가 생생하게 꿈꾸는 것이 어떤 방식으로 현실에 구현되는가 입니다. 우리가 꾸는 꿈은 생각과 감정이 농축되고 압축돼서 하나의 회로로 형성되고, 그 회로는 다른 사람의 생각과 감정의 회로에 연결되면서 우리가 원하는 것을 끌어당겨서 달성됩니다. 쉽게 설명하면, 우리가 만든 지니와 다른 사람이 만든 지니의 파동, 진동이 비슷하면 핸드폰 파동처럼 상호 연결돼서 각자의 주인을 서로 만나게 합니다.

5. 전문가들 역량 UP(우뇌와 좌뇌를 융합시키는 지니)

전문가들의 두뇌 역량은 좌뇌와 우뇌의 융합에 달려 있습니다. 좌뇌의 분석 역량과 우뇌의 통합 역량은 현재의식과 잠재의식의 연결

이 잘 진행되면 될수록 발전합니다. 지니는 뭉쳐진 생각과 감정의 회로이기에 좌뇌와 우뇌를 융합해서 우리의 두뇌 역량의 효율성을 극대화하는 측면에서도 상당히 중요합니다. 그러한 측면에 관한 사례들과 연구자료 및 논문을 같이 살펴보도록 하죠.

6. 중소기업 및 대기업에 작용하는 지니

경영, 리더십, 조직 활성화, 인성교육 등 모든 장르에 지니가 중요한 역할을 합니다. 지니가 어떤 역할을 효율적으로 수행하는지 이해하게 되면 경제와 경영 분야의 생산성을 향상하는 좋은 프로그램이 되리라는 것은 의심의 여지가 없습니다.

7. 과학자들의 두뇌 역량을 활성화하는 지니

과학자들은 많은 실험을 통해 새로운 발견과 발명을 하는데, 과학자가 오랜 기간 연구한 주제는 하나의 지니가 되어서 비슷한 연구논문이나 주제에 관련된 사람의 지니와 연계됩니다. 그 결과 상대의 중요한 아이디어와 방법론을 찾아내서 각 지니의 주인에게 영감과 아이디어를 제공해줍니다. 그래서 과학자들도 이러한 지니의 역할, 기능, 작용에 대한 기본적인 이해를 바탕으로 명상, 휴식, 산책, 샤워 중에 새로운 아이디어를 자신의 지니가 알려주게 된다는 것을 압니다. 그래서 평상시에 메모하는 습관을 잘 들이면 자신의 논문을 집필하는 속도와 논문의 완성도에 크게 이바지하게 됨을 깨닫습니다.

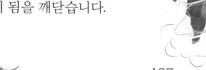

8. 예술가들의 창의성을 활성화하는 지니

예술가들도 영감이나 아이디어가 아주 중요합니다. 음악, 미술, 조각, 작사, 작곡, 시, 소설, 수필 등 모든 예술 활동에서 자신의 지니를 다루고 활용하는 방법을 알게 되면 놀라운 상황이 많이 발생할 겁니다. 창작 활동에서 자신의 주제를 곰곰이 생각하고 지니가 작용하도록 하면 지니는 주인을 위해서 활동합니다. 이완, 명상, 휴식, 수면 중에 원하는 시상, 작곡, 작사, 창작 등의 구상에 좋은 아이디어와 영감을 지니가 불러일으킵니다.

9. 연금술과 같은 형이상학에 관여하는 지니

연금술과 같은 형이상학의 장르는 상당히 많은 에너지와 집중력이 요구되며, 지니의 역할이 특히 중요합니다. 레이저로 쇠를 자르는 것처럼 강한 열과 에너지를 일으킬 수 있는 집중력, 몰입력 등의 역량이 지니에게 부여되어야 가능한 분야입니다.

10. 비전적인 지혜 체계와 연관된 지니

이러한 지니에 대한 원리는 고대 지혜의 다양한 가르침 속에 존재하지만, 너무 광범위하고 어렵기에 맥을 짚기가 쉽지 않습니다. 설령 맥을 찾았다 하더라도 그것을 실험하고 체험해서 핵심을 구체적으로 이해하는 것은 많은 노력을 필요로 합니다.

11. 종교와 철학의 분야에 연관된 문헌 속에 존재하는 다양한 지니

종교가 가진 좋은 장점과 철학의 사유에서 지니의 역할은 아주 중요합니다. 우리의 생각이 선하기도 하고 악하기도 하기에 잘 다루어야 하고, 기도에 지니가 중요한 역할을 합니다. 지니는 살아있는 사람들 사이의 연결과 아울러 사람과 절대자 사이의 연결과 소통에도 중요한 메신저 역할을 합니다.

12. 알라딘의 핵심적인 지니

아라비안나이트에서 지니는 모든 소원을 들어주는 존재로 나옵니다. 우리가 지니의 정확한 작용 방식과 지니가 만들어지는 과정을 이해하게 된다면 아라비안나이트에 나온 지니처럼 작용하게 할 수 있습니다. 생각은 에너지고 에너지는 물질화하기에 그러한 과정을 빠르고 강하게 지니가 할 수 있도록 다스려주면 지니는 모든 것을 가능하게 하는 존재가 될 수 있습니다. 그러한 가능성을 살펴보는 내용을 계속 진행하도록 하죠.

13. 시크릿의 핵심 마법의 공식에 작용하는 지니

시크릿은 우리가 원하는 것을 기원하고 바라면 주어진다는 것입니다. 지니는 우리가 원하는 것을 가능하게 하는 사람과 상황을 연결해주는 역할을 하기에 당연히 가능합니다. 아주 간단한 원리지만, 대부분의 시크릿 책에서는 이 부분이 빠져있기에 핵심이 없는 형태로 전개됩니다.

소 · 원 · 을 · 들 · 어 · 주 · 는 · 지 · 니

14. 고대 마법의 공식들에 작용하는 지니

지니를 활용하는 방법을 터득하면 다양한 분야에서 성공합니다. 그 과정에서 여러 가지 에너지를 운용하는 법과 지니를 효과적으로 만들고 효율적으로 작용시키는 법을 배웁니다. 이러한 방법은 해리포터에 나오는 마법 공식과 유사합니다. 고대에는 이런 다양한 마법 공식이 있어서 각각의 공식에 지니를 연계하고 적용해서 원하는 결과를 만들어냈습니다. 우리는 이제 과학기술과 마법이 동시에 발달하는 시대에 진입했습니다. 과학 법칙과 영적인 원리가 서로 연계되고 융합되는 시대에 도달한 것입니다.

15. 우리 자신을 잠재의식에 연결하는 지니

잠재의식을 마스터하는 것은 (머피 박사의 연구자료에서 항상 나오지만) 깊은 명상 상태에 해당하는 잠들기 전과 잠 깬 직후가 가장 좋습니다. 우리의 소원을 구현하는 데 잠재의식의 힘이 강하게 작용하기에 잠재의식의 힘을 운용하는 시간대인 잠들기 직전과 직후에 높은 비중을 두는 것입니다. 즉, 현재의식과 잠재의식의 연결이 가장 잘되는 시간대입니다. 자신의 지니를 훈련하게 되면 현재의식과 잠재의식의 연결이 평상시에도 잘 이루어지게 됩니다.

8절 꿈꾸는 다락방의 핵심 공식은 지니 운용이다

1. 우리의 꿈을 달성해 간다는 것

우리가 원하는 삶을 사는 것만큼 즐거운 일은 없을 겁니다.

오랜 시간 이를 달성할 방법을 연구해 온 저는, 이 글이 독자분들의 꿈과 희망을 달성하는 데 도움이 되길 바랍니다. 지난 37년간 공부하고, 연구하고, 현실에 적용하고, 체험해보면서 나름대로 느낀 점은 많은 사람이 각각 다르게 살고 있지만, 느끼는 것은 비슷하다는 것이었습니다. 그러한 체험을 적은 글을 읽으면서 공감대가 형성됨을 느끼면서 지식이 아닌 지혜는 사람의 삶을 온전하고도 완전하게 변화시킬 수 있다는 것을 알게 되었습니다.

물리학과 심리학을 전공했지만, 동시에 학문으로서는 채울 수 없는 마음속의 공간을 채우기 위하여 다양한 지혜와 가르침을 찾았습니다. 여러분들이 익히 아시는 시크릿, 끌어당김의 법칙, 부의 법칙, 마인드파워 등을 하나씩 접했습니다. 그중엔 공통분모가 있는 것도 있고, 어떤 것은 추측이거나 다소 왜곡된 부분이 있었습니다. 그래서 온전한 지혜와 숨겨진 열쇠를 제공하는 게 매우 중요하다고 판단하여 이러한 내용을 정리하게 된 것입니다.

2. 꿈과 소명 찾기

"우리가 원하는 꿈과 소명을 찾아서 실행하는 것이 삶을 가장 편하고 안정되게 해주며, 가장 부유한 삶이며, 우리가 원하는 모든 것을 성취하고 달성하게 해주는 삶이다."

고대 지혜들을 공부하고 요약해서 정리하면 위의 문장과 같습니다.

그래서 꿈과 소명을 어떻게 찾아내는가?

그 소명을 성취하는 방법과 기법은?

지금까지의 방법론의 문제점과 핵심적인 원리는 무엇인가?

이러한 주제들을 차근차근 공부해 나가겠습니다.

3. 꿈꾸는 다락방 이지성 작가의 글을 보면서…

300만 부 이상의 판매기록을 세운 이 책을 최근에 보게 되었습니다. 그러나 지금까지 나왔던 수많은 자기계발서에 나오는 중요 내용이 빠지고, 몇 가지 간단한 주제만 나열되고 있었습니다. 이 책을 통해서 독자들이 많은 도움을 받았겠지만, 숨겨지고 빠진 부분에 대해서 정확하게 알려주는 것도 필요하리라 생각되어 꿈꾸는 다락방의 내용을 참조·인용하면서 보완 및 수정하며 상세한 부연 설명을 하도록 하겠습니다.

R=VD라는 공식으로서 이지성 작가는 꿈을 강렬하게 꾸면 원하는 것이 달성된다고 제시합니다. 그러나 꿈을 어떻게 꾸어야 하며, 자기의 진정한 꿈을 어떻게 찾아내느냐는 가장 중요한 질문이 빠졌습니다. 누구나 꿈을 가지고 있습니다. 가벼운 것에서 시작해 점점 꿈의 핵심으로 다가가 진정 원하는 꿈을 발견합니다. 그러나 세상은 우리가 가지는 표피적인 꿈마저 뭉개버리는 다양한 상황을 우리에게 전개하는 것처럼 보입니다.

그러면 여기에서 우리는 꿈을 어떻게 찾을 것인가?
세상의 난관 속에서 꿈을 어떻게 유지할 것인가?
꿈을 효율적으로 달성하는 효과적인 훈련은 어떤 게 있는가?

체계적이면서도 단계적으로 제시해야 한다고 생각합니다.

저는 1980년부터 이런 연구를 본격적으로 시작했고 37년이 지났습니다. 다양한 상황과 일이 있었고 힘든 일도 많았습니다. 삶의 상승과 하강 속에서 무척 많은 것을 경험하고 검증했습니다. 수많은 시행착오 속에서 터득한 지혜의 보석들을 온전하게 전달하는 것은 여러분의 삶 속에서 거쳐 지나갈 다양한 시행착오를 수년에서 수십 년 이상 단축시킨다는 것을 의미하고, 또한 여러분의 삶의 여정에서 이러한 시행착오를 걷어내 버리기에 아주 빠른 속도로 여러분이 원하는 꿈을 찾아내고 달성하도록 도울 것입니다.

4. R=VD 공식에서 추가할 부분

생생하게 꿈꾸는 것, 수만 가지 일 속에서 원하는 한 가지만 집중하는 것, 그 한 가지와 완전히 하나가 되는 몰입을 달성하는 것, 하나가 된 상태에서 에너지를 오랜 기간 누적하는 것

형이상학에서 우리가 원하는 것을 달성하기 위해서는

R=VDCIE
강렬한 심상(Vivid Dream)에서 더 나아가서
명확한 집중력(Concentration)
목표와 완전히 하나가 되는 몰입력(Immersion)
그리고 에너지가 누적되는 시간의 정도(Energy)

의 변수들이 추가로 필요합니다.

즉, $R = VDC^2I^3E^5$
집중력 C^2, 몰입 I^3, 에너지 E^5
물리학에서 $E=MC^2$입니다. C는 빛의 속도.

그러면 기적과 창조 원리의 핵심에 다가가는 구도가 됩니다.

5. 영화와 소설이 세상을 창조하는가?
(미래를 소설가와 극작가가 예지하는 것인가?)

1837년 애드가 앨런 포는 소설『아서 고든 핌의 이야기』에서는 4명이 바다에서 표류하다가 제비뽑기해서 한 사람을 잡아먹는 장면이 나오는데, 실제로 47년 뒤 1884년에 같은 사건이 일어났고, 그때 죽임을 당했던 사람의 이름이 리처드 파커라는 것까지 정확하게 맞추었습니다. 모건 로버트슨의 소설『타이탄호의 침몰』이 1898년에 발표된 이후 14년 뒤 1912년에 정확히 똑같은 일이 타이태닉호에서 일어납니다. 침몰한 달, 승객과 승무원 수, 구명보트의 수, 전체 길이와 배수량, 충돌 당시의 속력 등이 정확하게 일치합니다. 극작가 아서 로우는 1885년에 조난한 캐롤라인호의 유일한 생존자 로버트 골딩의 이야기를 다룬『캐롤라인호』를 썼고, 얼마 뒤 실제로 사건이 일어났는데, 당사자 이름이 로버트 골딩이었습니다.

그렇다면 소설이 미래를 예지한 것인가? 아니면 소설이 사람들의 마음에 영향을 주어서 집단 무의식의 작용으로 이러한 사건을 일으킨 것인가? 아니면, 둘 다인가? 영화는 훨씬 더 영향력이 큰데, 현재 수많은 영화의 부정적인 장면들이 인류의 미래에 얼마나 큰 영향을 끼칠까? 그에 대한 대비책은 있는가? 우리는 대비를 얼마나 잘하고 있는가?

부정적인 영화와 소설은 잠재의식에 스며들어 삶을 왜곡합니다. 긍정적인 영화와 책은 삶을 크게 도약시켜주는 역할을 합니다. 꿈을 달성해가는 데 있어서 보고 듣는 책, 영화, 대중매체를 섬세하게 걸러낼 필요가 있습니다. 잠재의식에 무의식적으로 우리가 심는 이미지가 우리의 삶에 지대하게 작용한다면, 반대로 우리가 의식적으로 원하는 꿈과 목표를 이미지화해서 심는다면 대단한 결과를 만들어낼 수 있는 것입니다. 이에 참조하시면 좋을 연구자료는 『물병자리, 영화가 2012년 12월 21일 이후를 예언한다』입니다.

자신을 항상 관찰해서 부정적인 생각과 감정에 놓여있는 시간을 줄이고, 항상 긍정적인 생각, 이미지, 영화, 책들로 잠재의식을 채워가는 것이 필요합니다. 긍정적인 형태와 부정적인 형태로 1년을 살아갈 때, 양자 사이에서 경제적인 이익이 수백에서 수천만 원 이상 차이가 난다고 한다면, 여러분은 어떤 방법을 택하시겠습니까? 우리가 원하는 꿈을 달성해가는 여정에 있어서 가장 중요한 부분이고, 이 부분이 명쾌하게 훈련되지 않으면 꿈의 달성이 아주 느리고 힘들게 됩니다. 고대의 지혜와 형이상학 가르침의 진수가 바로 이 부분입니다. 그래서 동양의 수행체계와 훈련 방법 중에서 위파사나라는 체계가 아주 중요한 것입니다. 여러분이 시크릿, 기타 다양한 자기계발서를 보아왔지만, 꿈을 이루지 못한 이유를 명쾌히 설명해주지 않습니다. 꿈을 달성하기 위해서는 하루종일 잠재의식을 가장 긍정적인 것들로 채우는

소·원·을·들·어·주·는·도·깨·비

훈련을 해야 하고, 부정적인 생각, 이미지가 떠오르면 계속 흘려보내야 합니다.

　이지성 작가는 벨과 라이스가 전화를 발명하는 부분에서 무의식적인 사고의 힘을 간략하게 언급했습니다. 그러나 발명가 여러 명이 동시에 전화기의 동일한 아이디어를 어떻게 포착해서 동시에 만들어 내는가를 먼저 설명해야 합니다. 여기에는 직관과 예지, 예언의 메커니즘에 관해서 공부하는 것이 좋습니다. 꿈꾸는 다락방은 석학들의 말을 빌려 '미래 예지'라는 개념으로 직관을 설명합니다.

지니 명상 3 – 현실을 변화시키는 명상

· 현실에서 자신이 원하는 목표를 설정한다.

· 그 목표가 달성되는 것을 이미지로 심상한다.

· 목표 달성에 필요한 아이디어가 떠오를 때, 메모한다.
  메모한 것을 실천한다.

지니 명상 4 – 꿈을 변화시키는 명상

· 잠들기 전에 자신이 원하는 것을 글로 적는다.

· 심호흡을 여러 번 하면서 그 내용이 호흡과 함께 자
  신의 내부에 스며드는 것을 심상한다.

· 잠들기 전 꿈속에서 자신이 적은 내용이 구체적으로
  펼쳐지는 것을 명상한다.

· 꿈속에서 유사한 장면이 전개되는지 확인한다.

지니 명상 5 – 지성을 순화시키는 명상

· 스스로 제한한 자신의 자아상을 노트에 적는다.

· 그와 반대되는 자아상을 적는다.

· 밝고 긍정적인 자아상에 대해서 명상하고 몰입한다.

· 제한된 자아가 점점 작아지고 긍정적인 자아가 점점 커지
  는 것을 심상으로 느껴본다.

지니 명상 6 – 감정을 순화시키는 명상법

· 부정적인 감정의 순화와 긍정적인 감정의 활성화를 동시
  에 진행.

· 부정적인 감정을 순화시키기

　– 습관적인 부정적인 감정 표출에 대해서 3자로서 객관적
　　으로 관찰한다.

　– 물고기 비늘을 제거하듯이 과감하게 자신과 분리한다.

· 긍정적인 감정을 활성화하기

　– 과거에 성공했던 작은 경험들을 다시 마음속에서 떠올
　　린다.

　– 현재의 삶 속에 그 필름을 중첩한다.

　– 현재의 일을 과거의 밝은 감정으로 채색하고 물들여본다.

3장

지니를 소환하는 104가지
마법 실습들

삶에
기적을
일으키는

도깨비 명상
통신 강좌

010 7497 9957

1. 생각에 따라서 탄생하는 마법사 지니

생각에 따라서 탄생하는 마법사 지니

생각과 감정의 마법

생각은 우리가 원하는 꿈을 만드는 창조의 틀인가? 하나의 생각에 집중하면 우리가 원하는 것들이 다가오는가? 생각은 파동으로 작용해 비슷한 생각을 하는 이와 연결시키는가? 생각은 집을 지을 때 거푸집처럼 형상을 만들어내는 틀로써 작용하는가? 붕어빵은 붕어빵 틀로 만든다. 우리의 꿈도 같은 방식으로 찍어내는 것이 왜 안되는가?

무엇이 문제인가? 지속된 생각은 진동과 파동을 지니게 되고, 그 파동은 비슷한 생각과 결합하고 융합합니다. 그리고 그러한 생각을 하는 사람과 자연스럽게 연결되고 만남이 이루어집니다. 따라서 우

리가 원하는 것을 계속 유지한다면 우리가 원하는 형태로 구현하고 만들어내는 것이 가능합니다.

그러한 생각에 감정이 실리면 가속도가 생겨서 더욱더 빠르게 구현되는 것이 가능해집니다. 과거의 성공 경험을 떠올려 긍정적인 감정을 상기시키면 시킬수록 더 빠른 실현이 가능합니다. 과거에 경험한 긍정적인 감정은 우리가 원하는 꿈의 생각에 마법의 에너지를 퍼뜨려서 아주 빠르게 우리가 원하는 것을 달성하도록 만들어줍니다. 오나시스가 성공했던 방법을 간략하게 말한 내용이 상당히 인상적입니다. 이유는 진정으로 중요한 상념의 원리와 법칙을 통달한 달인이기에 그렇습니다.

리페라는 자동차 선수가 오나시스에게 질문합니다.
"어떻게 하면 당신처럼 세계 최고의 부자가 될 수 있습니까?

오나시스는 답합니다.
"마치 물 위의 기름처럼 세상 사람들의 생각 위에 항상 떠 있어야 합니다."

여기에 두 가지 중요한 사실과 원리가 있습니다.

■ 실 습

> 우리가 원하는 것을 달성할 수 있게 하는 두 가지 공식
>
> 1. 세상 사람들의 부정적인 상념이 우리의 잠재의식 속으로 스며들어오
>   는 것을 늘 경계하고, 항상 긍정적이고 좋은 생각, 영화, 책, 사람을 만
>   나는 것이 중요하다.
> 2. 우리의 꿈은 세상 사람들의 모든 생각, 고정관념, 부정, 거부 등으로부
>   터 벗어난 지고의 성스러운 장소에 보관하고, 항상 좋은 생각과 감정
>   의 비료를 꿈에 쏟아부어야 한다.

생각이라는 자석

생각은 자석처럼 끌어당기거나 밀어내는 힘이 있습니다. 우리 대다
수의 과거와 현재의 삶은 대부분 부정적인 생각을 지속해서 부정적
인 상황과 현실을 의식적·무의식적으로 만든 기간이었습니다. 생각
은 자석 같아서 좋은 생각을 하면 좋은 일을, 나쁜 생각을 하면 나쁜
일을 끌어옵니다. 우리가 원하는 시크릿도 마찬가지입니다. 시크릿은
생각이라는 자석을 통해서 목표를 달성할 기회와 사람을 끌어옵니다.
기회와 여건이 다가왔을 때, 여러분은 그것을 알고서 곡식을 수확하
듯 확보해야 합니다. 선박왕 오나시스와 스티븐 스필버그가 자신만의
꿈나무를 키우다가 자신에게 투자할 사람을 만났고, 그 사람을 설득

해서 성공합니다. 즐겁고 기쁜 감정의 양분을 통해서 우리의 꿈이 자라나는 속도에 가속도를 불러일으킵니다. 생각의 마법을 공부했으면 콩 심은 데 콩 난다는 속담이 다르게 와 닿을 것입니다.

■ 실 습

> 자신의 장기 목표와 플랜을 설계하고 하나의 캐릭터로 만들어 항시 휴대하면서 에너지가 충전되고 뭉쳐지는 것을 경험해본다.

생각이 실제로 존재한다는 것에 대한 자료들

에모토 마사루의『물은 답을 알고 있다』에서 우리가 말하거나 글을 붙여두기만 해도 물의 모양과 형태에 영향을 주는 것을 실험으로 검증.

정신세계사 출간『식물의 신비 생활』에는 우리의 생각이 식물에 지대한 영향을 준다는 내용이 있습니다. 식물의 잎에 불을 붙이겠다는 생각만으로 식물은 민감하게 반응하고, 그래프용지에 진도 10 이상의 지진파와 같은 격렬한 반응을 보였습니다.

화이트벡큠 출판사의『상념체』는 사랑, 미움, 공포, 증오, 추상적 생각, 음악 등에 따라 만들어지는 다양한 상념의 그림이 화보로써 아

주 구체적으로 설명되어 있습니다. 우리의 생각은 실체를 가지며, 물
과 식물과 사람에게 지대한 영향을 미칩니다.

■ 실 습

> 사과를 보면서 사과의 이미지에 해당하는 생각을 할 때, 사과의 상념
> 이 미간에 강하게 새겨지는지 눈을 감고 느껴본다.

생각에 따라 만들어지는 요정 지니

지니는 우리가 매 순간 일으키는 생각으로 만들어지고 존속기간
은 우리가 집중한 생각의 강도와 몰입도에 따라 결정됩니다. 따라서
천사든, 악마든, 어떤 존재든 우리의 생각이 집중되면 형상화됩니다.
그 형상에 우리의 감정이 실리면서 살아있는 요정이 됩니다. 작은 힘
을 가진 지니가 만들어지는 것이죠. 이 지니를 현실에서 사용하면 더
욱더 강하게 에너지가 뭉쳐지면서 점점 강력하게 변화되어갑니다.

■ 실 습

> 트라우마가 형성되는 과정과 정반대로 자신이 원하는 희망과 꿈을 강
> 렬하게 심상하고 몰입하되, 이미 달성된 것과 같은 느낌이 들 때까지 몰
> 입한다.
> 꿈을 이루는 데 도움을 주는 지니의 모습을 강렬히 심상한다.

생각의 현실성과 실제성

우리가 생각하는 것이 말과 글로 표현됩니다. 데카르트가 "나는 생각한다. 고로 나는 존재한다"라고 했지요. 생각은 우리의 머릿속에 존재하는 것으로 끝나는 것이 아니라 사람들 사이에서도 상호작용합니다. 여기에서 시크릿과 성공의 주요한 법칙이 존재합니다.

사람들은 눈에 보이지 않는 생각이 머릿속에 존재하는 건 인정합니다. 그러나 생각이 사람들 사이에서 상호작용한다는 것은 받아들이기 어렵습니다. 그리고 서로의 생각을 텔레파시로 주고받는다는 사실을 인지하기도 수용하기도 어렵습니다. 그러나 시크릿과 성공의 마법은 바로 여기에서 시작합니다. 생각은 씨앗이 되어서 자라납니다. 거대한 아름드리나무가 작은 씨앗에서 30년 정도 자라난 결과이듯이 생각의 씨앗도 그러합니다. 큰 성공을 이루어내는 사람과 범인의 차이는 여기에 있습니다. 자신의 꿈을 설정하고 매일 가꾸어야 합니다.

스필버그와 오나시스가 무일푼에서 큰 자본가의 도움을 받은 것은 10년 이상 자신의 꿈나무에 양분을 주는 것을 게을리하지 않았기에 가능했습니다. 스필버그가 꿈에 에너지를 부여하는 과정은 나무에 태양의 에너지가 부어지는 것과 같습니다. 그 꿈나무의 에너지는 영화에 투자할 사람과 에너지의 실로써 연결되고, 결국 그 에너지가 충

분히 강하게 서로 소통될 즈음에 만남이 이루어지게 된 겁니다.

현재의 여러분과 앞으로 위대하게 성공할 여러분의 차이는 단 한 가지, 꿈과 목표가 있는가? 그리고 잘 실천하고 이행하였는가에 있습니다. 그 목표에 자신의 모든 것을 걸 의지와 열정이 있는가? 목표를 자나 깨나 생각하면서 매일 자라나도록 하는가? 그 목표가 구체화하는 순간이자 기회의 순간이 왔을 때 수확을 얼마나 잘했는가?

이 책에는 걸어가면서, 일하면서, 잠자면서, 생활하면서 자신의 꿈을 달성할 수 있는 여러 가지 실용적인 방법이 잘 정리되어 있습니다. 단지 그러한 방법들을 실천해서 원하는 꿈을 수확의 시기에 잘 거두어들이기만 하면 됩니다.

자 그다음에는 생각에 마법을 걸어야 합니다.

우리가 원하는 꿈에 마법을 거는 방법은 무엇일까요?

■ **실 습**

> 생각이 실체로써 존재하기 때문에 생각을 강하게 하면 할수록 현실에 강한 에너지장이 형성되면서 자석과 같이 작용한다.
>
> 원하는 것을 노트에 적고 강렬하게 생각하는 순간, 생각한 이후에 그것과 연관되는 일, 사건, 상황들이 만들어지는 것을 관찰하고 매번 기록한다.

마법사들

아라비안나이트의 지니는 실제로 존재할지도 모른다는 것을 우리는 생각하게 됩니다. 솔로몬 왕이 이룬 부와 지혜의 축적에 지니가 아주 중요한 작용을 했습니다. 그래서 해리포터, 나니아 연대기, 반지의 제왕에서 나온 내용이 단순한 소설이 아니라 실제로 존재했거나 존재 가능한 세계일 수도 있는 것이지요.

고대에는 다양한 마법 공식이 있었습니다. 그러한 공식 중에서 연금술에 사용된 것도 있고 해리포터의 마법사들처럼 마법을 쓰는 일에도 사용됐을 수 있습니다.

■ 실 습

> 이 책에서 알게 된 사실을 바탕으로 해리포터, 나니아 연대기, 반지의 제왕 같은 마법사 관련 영화들을 다시 감상하면서 실제로 가능하겠다고 느껴지는 장면을 메모하고 정리해 본다.

마법사 관련 책의 인기가 급증하는 이유는?

생각의 마법, 지니의 마법에 관한 책들이 20세기에 가장 많이 판매되었습니다. 연금술사가 2억 1천만 부, 해리포터가 4억 부, 반지의 제

소·원·을·들·어·주·는·도·깨·비

왕 1억 5천만 부, 호빗 1억 부, 나니아 연대기 8,500만 부 등이 흥행했죠. 이런 책들이 왜 유명해졌는가에 대해서는 여러 가지 추측이 있을 수 있겠지만, 저는 사람들이 지니와 같은 존재에 대한 인식과 의식이 점점 더 높아져 감을 증명하는 현상이라고 봅니다.

■ 실 습

> 자신도 책 속에 존재하는 마법사가 될 수 있다고 심상해본다.
>
> 생각과 의지로 모든 마법이 실행됨을 이해하고 매일 조금씩 마법사의 역량을 키울 수 있음을 자각한다.

생각의 지니가 사용되는 분야

우리의 생각이 지니로 만들어져서 다양한 분야에서 어떻게 작용하는지를 살펴봅시다. 특히, 지니는 자연재해와 경제위기, 경제공황, 전쟁에 몹시 부정적으로 강하게 작용합니다. 물리학의 공명과 증폭의 과정이 중첩되면서 생각의 파동과 지니의 파동은 부정적인 진동의 에너지를 증가시켜서 괴물 같은 지니가 만들어지고, 그 결과로 부정적인 상황을 가속화합니다.

역으로 인류에게 긍정적이고 좋은 생각을 불러일으키고 도움이 되는 정치·경제·문화·사회·과학·기술·종교 등의 분야에 이상적인 시스템이 만들어지면 인류의 발전에 긍정적인 가속도를 일으키게 됩니다. 우리는 이런 현상을 정확하게 이해하고, 개인의 삶에서 밝고 긍정적인 생각을 하는 것부터 시작해서 각 분야의 전문가와 국가와 세계의 제반 시스템이 긍정적인 형태로 만들어지도록 해야 합니다. 또한 세계의 기아, 테러, 난민, 전쟁 등에 대해서 무관심하다면 당사자들의 공포, 분노, 두려움, 미움, 비탄, 슬픔의 지니가 전 세계 사람들에게 날아오게 됩니다. 결국 이러한 지니는 세계적인 경제위기, 경제공황, 전쟁 등을 일으키는 지니들이 대량으로 만들어져서 안정적인 나라를 파탄 내고 세계 전체가 아수라장이 될 수 있습니다. 이를 우리는 주의하고 각성해야 합니다.

■ 실 습

세상이 밝아지기 위해서는 정치 · 경제 · 문화 · 사회의 제반 시스템에 변화가 일어나야 한다. 우리가 올바른 생각을 집중하고 쏟아붓는 만큼 삶에 변화가 일어나는지 살펴보기 위해서 특정한 생각에 강하게 집중한 다음 이에 해당하는 일과 상황이 발생하는지 관찰해본다.

2. 지니를 만드는 공식

지니가 만들어지는 원리와 공식

지니의 바탕인 상념체

마음과 정신의 에너지로 만들어지는 지니

지니에 대한 이해의 중요성과 필요성

지니가 작용하는 원리를 설명한 고대 지혜

현재의식과 잠재의식의 회로

지니를 만드는 공식

지니가 만들어지는 원리와 공식

우리가 태어나 성장하면서 다양한 경험을 통해 성격과 자아가 형성되듯이, 우리의 지니도 우리의 생각과 감정이 집중되어서 만들어진 하나의 에너지 생명체입니다. 그러나 보이지도 느껴지지도 않기에 아직은 수용하기 쉽지 않을 겁니다. 하지만 감각이 더 정묘해지고 감수성이 예민해지면 이러한 지니의 작용과 에너지를 느낄 수 있습니다. 행복한 사람들이 사는 곳에 있으면 기분이 좋아집니다. 반대로, 도살장이나 안 좋은 사건이 일어난 곳에 가면 소름 돋고 기분 나쁘며, 장소를 떠난 후에도 마음속에 그러한 기운이 오래 머무릅니다. 사람의 생각과 감정은 뭉쳐지고 생명력을 가지며 독특한 생명체로서 존재하는데, 이것이 지니입니다.

> 가장 좋아하는 장소, 사람, 이미지를 심상한다. 마음에서 느끼고 반응하는 과정을 관찰한다. 반대로, 가장 싫어하는 이미지와 사람, 장소들을 심상하면서 자신을 객관적으로 관찰한다.
>
> 지니를 소환하여 자신이 좋아하는 것들을 강화하고, 싫어하는 것은 지우면서 자신의 마음과 생각에서 일어나는 변화들을 관찰한다.

지니의 바탕인 상념체

앞에 소개한대로 신지학에서 출간한 Thought Forms라는 책이 1992년 화이트벡큠 출판사에서 『상념체』로 번역되어 세상에 상념에도 형태가 존재한다는 것이 알려지기 시작했습니다. 사랑, 증오, 미움, 이기심, 집착, 애착, 분노를 표출하면 상념 형태가 에너지를 가진 상태에서 우리로부터 독립해 생존한다는 것을 삽화와 설명으로써 아주 잘 표현한 책입니다. 상념체는 아주 민감한 사람과 그것을 볼 수 있는 능력을 지닌 사람을 통해서 삽화로 표현되었습니다. 이러한 상념에 우리의 정교한 생각과 복합적인 감정들이 추가로 실리게 되면 오랜 기간 존재하고 사람들에게 영향을 미치는 지니가 만들어지게 됩니다.

■ 실 습

> 『상념체』 책에 나오는 상념의 몇 가지 형태를 자세히 살펴보고, 비슷
> 한 생각과 감정을 일으킬 때 비슷한 색상과 형태가 느껴지는지를 확인
> 한다.
>
> 자신이 좋아하는 지니를 이미지로 심상하고 소환한 다음, 그 지니에게
> 서 느껴지는 모습, 에너지, 느낌 등을 마음으로 감지하면서 메모한다.

마음과 정신의 에너지로 만들어지는 지니

우리의 마음과 정신은 어머니의 사랑이 느껴지듯 존재하며, 단지 눈
에 보이지 않을 뿐입니다. 정신력이 강하냐, 강하지 않냐에 따라 추진
력과 성공 확률이 차이 나듯, 정신도 그렇습니다. 이렇듯 감정은 에너
지로, 지성은 정교한 회로로 존재합니다. 전기가 반도체 회로에 스며들
어서 프로그램에 따라 다양한 기능을 수행하듯이, 우리의 감정 에너지
는 지성 회로에서 만들어지는 생각의 프로그램에 따라 사용됩니다.

지금까지 대다수 모든 사람이 생각한 회로는 육체 내에서 작용하는
독립되고 분리된 컴퓨터였습니다. 인터넷이 없던 시절의 컴퓨터처럼
말이죠. 그러나 인터넷이 보급되면서 세상 모든 사람이 소통할 수 있
게 되었습니다. 이처럼 이미 서로의 감정과 생각은 의식의 회로를 통
해서 소통하고 있습니다. 단지 우리가 자각하지 못했던 것뿐입니다.

소·원·을·들·어·주·는·지·니

이제 개인이 독립된 개체가 아니라 서로 연결된 컴퓨터라고 인식해야 하는 시대에 들어왔습니다. 사람과 사람 사이에는 지니에 의해서 서로의 생각, 정보, 마음, 의식이 교류합니다. 민감한 사람은 이미 감지하면서 살고 있습니다. 예술가의 영감, 과학자의 직관, 샤먼의 자연과의 교류, 영매의 영적인 교류 등의 형태로 이미 존재하나, 비과학적이라는 말로 무시하고 있었을 뿐입니다. 이러한 숨겨진 영역을 키를리안(Kirlian) 사진기가 우리 몸에서 방사되는 생각과 감정의 에너지장의 색과 형태를 보여주었고, 고대 형이상학의 지혜는 그 원리와 방법을 소개하고 있습니다. 반지의 제왕, 해리포터 등의 작품이 이러한 세계가 존재함을 암시적이면서 우회적으로 표현했고 어마어마하게 흥행했습니다. 지금은 21세기이고, 그러한 흐름이 연장되는 선상에 있습니다. 아라비안나이트의 지니는 실존하고, 우리의 생각과 감정이 하나의 독립된 실체로 존재하면서 사람과 사람 사이에 상호작용한다는 것을 이제는 알게 되었습니다.

모든 자기계발서에서 생각의 중요성, 의지의 필요성, 잠재의식의 활용에 대해서 대단히 강조하고 그 효용성에 관하여 많은 비판이 있었지만, 독자들의 공감과 호응을 얻었습니다. 그러나 왜, 어떤 방식으로 작용하는가에 대한 구체적인 메커니즘은 아리송하게 넘어갔습니다. 이제 지니를 통해서 우리는 원하는 것을 실제로 구할 수 있음을 이해하였기에 좀 더 적극적으로 우리 자신이 원하는 삶을 창조하는 사람이 되어야겠습니다.

■ 실 습

> 반도체의 회로로 구동하는 자신의 컴퓨터를 심상한다.
>
> 자기 생각과 감정이 정교한 색상과 에너지로 가득 채워진 에너지 회로임을 인지하고 하나의 생각을 이미지화해서 심상하되, 요정처럼 투명한 그 상념 속에 자기 생각의 이성 회로와 감성의 에너지 회로가 반도체의 회로처럼 작용하는 것을 심상한다.
>
> 자신의 지니를 소환하고 그러한 생각을 지니가 음식처럼 먹고 소화하는 이미지를 심상한다. 자신의 마음과 머리에서 느껴지는 감각을 메모한다. 자신의 감성과 지성 회로를 반도체처럼 심상하고 느껴보면서 엉성한 회로를 짜임새 있는 형태로 다시 심상해서 정교한 형태로 변화시켜 본다.

지니에 대한 이해의 중요성과 필요성

지금 세상은 긍정과 부정의 분기점에 놓여있고 문명의 상승과 하강의 균형점에 놓여있습니다. 현재 북한과 미국의 대립 기운과 화해 분위기가 줄타기하듯 갈등을 빚으며 강해져 가는 것도 같은 맥락입니다. 세상의 평화와 삶 속에서 원하는 것을 달성해주는 지니가 실제로 우리의 심장에 존재하고 그 지니를 부활시켜서 삶을 재창조하고 세계평화에 이바지하도록 하는 것은 매우 중요합니다.

> 지니에 대한 연구자료로써 아라비안나이트 선집을 구해서 차분하게 읽어본다. 여러 가지 이야기 속에서 지니에 대한 부분을 잘 음미한다.
>
> 자신이 원하는 희망과 소원을 한 단어로 바꾸어 지니처럼 심상화해서 내보내는 연습을 해본다. 현실에서 결과로 일어나는 다양한 피드백을 세밀하게 관찰하고 메모한다.

지니가 작용하는 원리를 설명한 고대 지혜

이러한 지니가 작용하는 모든 시스템과 원리와 법칙, 그리고 방법론에 대한 것은 고대 지혜의 학문체계로 설명할 수 있습니다. 상념의 형태와 모양, 작용하는 방식들을 배울 수 있고, 우리 몸을 감싸는 에너지로 만들어진 에텔체라는 것도 배우게 됩니다. 1993년 화이트벡큠 출판사에서 출간된 에텔체는 우리 몸의 경락과 혈, 그리고 수면과 운동에서 느끼는 에너지들에 대한 모든 의문을 없애주는 전문서적이 될 것입니다. 기타 다양한 정보와 원리를 공부할 수 있지만, 입문자들은 난해하고 이해하기가 쉽지 않다는 단점이 있습니다.

■ 실 습

> 육체를 하나의 에너지 회로처럼 구성된 것으로 심상한다. 마음과 정신을 육체처럼 에너지의 회로로 구성한 것을 심상한다. 자신의 육체적인 자아와 감성적인 자아, 이성적인 자아를 하나씩 심상하고 각각이 정교한 회로로 구성되어 있음을 느낀다.
>
> 자신의 지니를 심상하되 자기 생각과 감정의 회로로 뭉쳐진 존재라는 것을 마찬가지로 인지하고 느껴본다.

현재의식과 잠재의식의 회로

현재의식은 현재 우리가 삶 속에서 경험하는 우리의 의식입니다. 이 현재의식이 내향적이냐 외향적이냐에 따라 경험의 종류와 형태가 달라지지요. 현재의식의 회로는 간단하고 단순하기에 많은 정보와 경험을 담지 못합니다. 일시적으로 정보를 보관하다가 잠재의식에 넘깁니다. 잠재의식은 우리가 경험한 모든 정보를 보관합니다. 회로도 복잡하고 수많은 정보가 저장되어 있습니다. 잠재의식은 칼 융이 말한 집합적 무의식으로 인류 전체의 잠재의식이 연결된다고 합니다. 그래서 잠재의식의 회로를 통해 모든 사람의 잠재의식에 저장된 정보가 연결되어 있다고 말합니다. 잠재의식과 집합적 무의식의 회로가 복잡

하기에 우리의 지니가 활동하기도 좋고 모든 정보를 찾기도 좋으며 우리가 원하는 소원과 꿈을 달성할 수 있는 이유가 여기에 있기도 합니다. 우리가 원하는 것을 달성하기 위해서 어떤 사람과 연결되고 어떤 일을 통해 서로서로 연계되는 것이 좋은가를 지니가 찾아내는 영역이기에 그렇습니다.

■ 실 습

지니를 통해 다양한 경험을 하면서 자신의 잠재의식이 활성화되고 열리는 것을 관찰한다. 자신이 원하는 것을 지니에 의해서 자신의 잠재의식에 전달하는 것이 현실에 자신이 원하는 것을 창조하는 과정임을 사유하고 성찰하는 시간을 자주 가진다. 현재의식에서 잠재의식으로 연결하는 과정에 지니가 어떤 역할을 하는지 관찰해본다.

우리가 달성한 일과 경험들이 잠재의식에 저장되고 있음을 느껴본다. 자신의 지니가 쉬는 공간이 자신의 잠재의식인지를 관찰한다. 잠재의식과 지니와 자신이 하나임을 느껴본다.

소·원·을·들·어·주·는·도·깨·비

3. 알라딘의 램프 요정 지니

알라딘의 마법 램프

지니라는 램프 요정

모든 것을 가능하게 하는 요정

우리가 가진 마법의 요정

자연의 요정에 작용하는 지니

사람을 신들리게 하는 지니

착하게 사는데 왜 나에게는 안 좋은 일이 많이 일어날까?

알라딘의 램프 요정 지니

알라딘의 마법 램프

알라딘은 자신이 원하는 소원을 달성해주는 마법 램프를 발견합니다. 그리고 지니를 통해서 소원을 성취하죠. 우리의 삶 속에서 지금까지 놓치고 있었던 지니를 이 책을 통해서 여러분은 발견하게 될 것입니다.

■ 실 습

> 자신이 앞으로 사용할 지니의 모습을 정교한 표정과 색상으로 아름답게 디자인한다.

소·원·을·들·어·주·는·지·니

지니라는 램프 요정

지니는 램프 속에 있다가 불러내면 나와서 원하는 것은 무엇이든 가져옵니다. 우리의 심장 속에 존재하고 있던 지니는 우리의 인식과 이해의 깊이에 따라서 우리 두뇌에 나타납니다.

심장이 램프고 두뇌는 지니를 불러내는 알라딘입니다. 지금까지 잠자고 있던 지니를 여러분의 심장에서 부르는 마법을 이제 배울 차례입니다. 그리고 두뇌에서 그 지니를 선별하는 법을 배웁니다. 선과 악의 지니가 있습니다. 우리는 좋은 생각을 불러일으키는 방법과 악한 생각을 흘려보내는 방법을 전문적으로 배우고 훈련해야 합니다. 동양에서 이런 방법을 위파사나라고 합니다. 좋은 것은 강하게 생각하고, 부정적인 생각은 흘려보내는 것입니다. 좋은 생각을 자주 강하게 집중하고 몰입함으로써 좋은 지니를 만들게 되고, 꿈을 달성하는 것에 사용하게 됩니다. 나쁜 생각을 평상시에 자주 하고 흘려보내는 훈련을 하지 않았다면 악한 지니를 삶 속에 수도 없이 탄생시킨 결과로 자신과 가까운 사람들에게 안 좋은 일과 상황이 옵니다.

소·원·을·들·어·주·는·도·깨·비

■ 실 습

> 가슴과 심장에서 환하게 불타오르는 램프의 불꽃을 느껴본다.
> 세상의 평화, 발전, 번영이 우리의 심장의 불꽃에서 시작하는지도 느
> 껴본다.
>
> 심장에서 강렬하고 따뜻한 불꽃을 일으킨 다음, 머리 정중앙에 그 불
> 꽃이 불타오르도록 하고 자신이 원하는 꿈을 달성해 줄 지니를 상상한
> 다. 그 지니가 세상 속으로 나가서 우리의 소원을 위해서 일하는 모습을
> 심상한다.

모든 것을 가능하게 하는 요정

우리가 원하는 것은 어떤 것이든 만들고 달성하는 요정은 어떻게
그 일을 하는 걸까요? 모든 에너지는 전기와 연결되고, 우리가 기계
를 사용할 때 전기가 필요하듯이, 우리가 생각하는 모든 과정에도 전
기 에너지가 사용됩니다. 이 전기는 뇌파로 나타나고, 뇌파의 상태는
두뇌가 안정적이고 창의적일수록 좋은 파동인 알파파로 변환됩니다.

두뇌의 전기 에너지 파동은 반도체 회로처럼 생각의 회로를 구성
하고, 이 생각의 파동은 전자기파처럼 세상 모든 것 속으로 스며들고
퍼져나갑니다. 그래서 생물, 무생물, 사람 모두에게 작용합니다. 두뇌

에너지인 전기 에너지는 우리가 자아와 성격을 가지듯이 특정 생각을 오래도록 강하게 하면 그 생각의 회로가 뭉쳐져서 지니처럼 만들어지고, 만들어진 지니는 역시 무생물, 생물, 사람에게 작용합니다.

두뇌의 생각 파동은 특정 진동과 주파수로 이루어져서 개인의 휴대전화 번호가 하나의 특정 주파수를 가지듯이, 서로 비슷한 생각을 하는 사람들 사이에 그 파동이 전달되고 연결되면서 점점 입체적이고 복합적인 생각을 하도록 만들어줍니다. 이는 전 세계의 모든 사람이 일으키는 생각 중 서로 비슷한 생각을 하는 사람들끼리 텔레파시처럼 상호작용하면서 일어나는 현상입니다. 우리가 타인과 통화하면서 서로의 생각을 병합 및 융합하는 과정과 유사합니다. 따라서 지니는 우리가 통화하듯이 자기 생각과 비슷한 다른 지니와 연결되어 무의식적으로, 잠재의식적으로 비슷한 생각을 하는 사람과 무언의 전화 통화를 하는 것과 비슷한 상태에 놓이게 됩니다. 이런 지니의 작용을 이해하고 적극적으로 활용하게 된다면 우뇌를 활성화하는 정도가 늘어나고, 좌뇌와 우뇌를 융합하는 과정도 가속도를 일으키며, 육감, 영감, 아이디어, 발상 등의 두뇌 활동이 상당히 증가하게 되어 우리가 원하는 꿈과 목표가 점점 빠르게 달성되어가는 것을 현실에서 피부로 느끼게 됩니다.

■ 실 습

오전에는 두뇌의 전기적인 힘이 강해지기에 정교한 생각을 구체적으로 행하기가 좋다.

누군가에게 전화를 걸려고 잠시 생각한 다음에 전화가 걸려오는지를 체크해보고, 전화를 걸었을 때 상대방이 마침 전화를 하려고 했다고 말하는지 체크한다.

우리가 원하는 것을 지니 형태로 심상하고 상대방에게 전달하는 이미지를 심상하는 훈련을 해본다.

우리가 가진 마법의 요정

모두가 그러한 지니를 가지고 있다면, 눈에 보이지 않아서 없는 것으로 알고 있었다면… 지니가 눈에는 보이지 않지만 존재하고 있고, 우리가 매 순간 그들을 알게 모르게 사용하고 있다는 것을 안다면… 지니를 의식적으로 좋게 사용하는 법을 터득해서 삶을 아주 멋있게 창조하는 것이 가능하겠지요. 따라서 지니가 작용하는 원리를 정확하게 이해했다면 우리의 삶은 아주 빠르게 발전하게 된다는 것을 경험하면서 체득하게 됩니다.

천사의 이미지를 심상해서 우리 자신을 감싸는 모습을 집중하고 난 다음, 눈을 감고 그 에너지장을 느껴본다. 자신의 종교의 핵심적인 존재들을 이미지로 심상하고 느낀다.

자연의 요정에 작용하는 지니

요정, 지니, 도깨비, 데바, 천사 등 자연에는 광물, 동식물, 인간의 진화에 도움을 주는 원조자, 지원자가 존재합니다. 이해하기 쉽게 지니라는 용어로 통일해서 설명하고 있습니다. 천사에도 등급과 서열이 있듯이 자연의 이러한 '존재'들도 등급과 서열이 있으며, 지배와 통제를 받습니다. 자연에 다양한 요정이 식물의 진화와 발전에 기여하고 식물의 모양과 향기, 진화에 중요한 작용을 합니다. 드라마 도깨비에서 우리는 여주인공이 도깨비를 소환하는 과정에서 성냥불을 사용하는 장면이 나옵니다. 마찬가지로, 각각의 지니와 기타 존재들을 소환하는 과정에도 독특한 방식이 있습니다. 이들을 잘 운용했던 핀드혼의 농작물이나 꽃은 다른 곳보다 훨씬 더 큰 성장을 보여줍니다. 동식물을 키우는 농장에선 음악을 들려줄 때 동식물의 발육상태가 더 좋다고 말합니다. 지니와 음악이 결합하고 주인이 더 큰 애정을 가지고 동식물을 키울 때, 발육상태는 최고조에 이른다는 것은 당연합니다.

소·원·을·들·어·주·는·도·깨·비

■ 실 습

우리가 음악과 예술을 좋아하듯이 동식물들도 좋아한다. 우리가 좋아하는 음악과 취미 생활을 할 때 우리의 지니도 더 잘 활성화되고, 일을 더 잘하는지를 체크하고 메모해서 검증한다.

우리가 기분 좋을 때, 지니도 더 잘 연결되고 자연의 요정들과도 더 잘 소통이 된다는 것을 느끼고 체험한다. 요정과 지니에 관해 설명한 책을 통해서 다양한 지니와 요정을 파악하고, 자기 일에 그러한 지니와 요정을 같이 운용하고 다루는 것을 시도해본다.

사람을 신들리게 하는 지니

성경에 보면 예수님이 신들린 사람을 치유하는 모습이 자주 나오고, 신들린 사람에게서 귀신을 빼내어서 돼지에게 가두어 바다에 빠트리는 내용도 나옵니다. 지니 중에는 사람에게 아주 악한 영향을 미치고, 심지어는 사람을 지배하는 예도 있습니다. 간헐적으로 지배하는 부류가 있고 평생 지배하는 부류가 있는데, 이러한 지니는 솔로몬왕이 행한 것처럼 봉인해서 가두거나 그들이 원래 있었던 공간으로 보내버려야 합니다. 이러한 영역은 고대 지혜의 마법사들이나 아바타 같은 존재들이 했던 것으로, 앞으로의 시대에 세상이 혼탁해지고 파괴와 테러가 강해지면 이러한 현상도 점점 증가하리라 봅니다. 평

화로운 세상을 위해서 우리는 각자 본분을 다하고 세상이 평화로워지는 대중 참여 활동을 적극적으로 하는 것이 좋습니다. 세상이 혼탁해지면 결국 전쟁이 일어나 모두가 죽게 된다는 것을 알고, 세상의 평화에 기여하는 다양한 활동에 참여하는 것이 아주 중요한 시점에 도달했다고 봅니다.

■ 실 습

아주 우울하거나 극도의 불안, 공포, 분노의 상태에 있을 때 우리의 의식이 유리처럼 깨지면서 사악한 지니들이 우리에게 스며들기 쉽다. 감정과 생각이 부정적인 형태로 오랜 기간 침잠되어 있을 때 부정적인 영이나 지니들이 우리에게 스며드는 것을 느껴본다.

반대로, 아주 밝고 긍정적일 때 우리 내부에 있는 부정적인 기운이나 영, 지니가 빠져나가는지 관찰한다. 따라서 항상 밝고 긍정적인 의식 상태를 유지하고, 웅장하고 큰 목적과 목표를 이미지화해서 심상하는 훈련을 자주 하면서 자기 내부에 존재하는 부정적인 지니들이 사라지며 좋은 지니들이 우리에게 다가오는지를 관찰한다.

착하게 사는데 왜 나에게는 안 좋은 일이 많이 일어날까?

우리가 자주 직면하는 문제 중 하나입니다. 주변 사람들에게 피해를 주지 않고 착하게 사는 사람들이 행복해지지 못하는 경우가 있습니다. 그런 사람들을 보면 참으로 세상은 불공평하다고 하소연합니다. 악하게 살고 타인에게 피해를 주는 사람은 떵떵거리고 사는 것처럼 보이는데 왜? 착하게 사는 사람은 힘든 일이 많이 일어나느냐고 의문을 가지게 됩니다.

우리에게는 현재의식과 잠재의식의 자아가 있습니다. 신이 우리에게 부여해준 능력 중 현재의식의 자아는 5% 정도의 힘을 발휘하고, 잠재의식의 자아는 95%의 힘을 발휘합니다. 잠재의식의 자아는 두뇌의 많은 부분을 차지합니다. 더 중요한 것은 현재의식의 자아가 착하게 살더라도 잠재의식의 자아가 세상의 테러, 기아, 전쟁, 난민 등에 대해서 무관심하면 우리의 삶의 95%에 부정적으로 영향을 미치는 겁니다. 이럴 때 잠재의식은 세상의 부정과 혼란, 그리고 정의롭지 못한 것에 대해서 인정하고 허용해주는 역할을 하기에 우리의 삶은 그러한 반작용과 부작용에 의해서 삶이 온전하게 나아가지 못합니다. 그러므로 우리는 세상의 다양한 문제에 대해서 어떻게 참여하고 영향을 미칠 것인가 알아보아야 할 것입니다. 개인적인 수준에서 적극적으로 활동하게 되면 95%의 잠재의식이 올바르게 세상을

위해서 작용합니다. 그러면 우리 삶에도 95% 긍정적으로 작용하여 모든 것이 조화롭고 안정적인 구도로 전개됩니다. 앞으로의 시대는 개인적인 삶보다는 전체적인, 인류적인 삶에 진지하게 참여하는 사람이 자신의 행복뿐만 아니라 인류 전체의 행복도 신장시키게 될 것입니다.

■ 실 습

세상의 부정적인 상황에 대해서 부화뇌동하지 않고 긍정적이고 밝은 세상이 앞으로 펼쳐질 것을 강하게 의념하면서 세상의 테러, 기아, 전쟁, 난민과 같은 문제가 점차 긍정적인 형태로 변화되는 것을 심상한다.

자신의 지니가 세상의 부정적인 문제들을 일사불란하게 처리하는 것을 심상한다.

자신의 목표와 세상의 일들이 긍정적으로 동시에 맞물린 상태에서 같이 성장하고 발전하는 것을 이미지화해서 심상한다.

4. 지니가 사용하는 파동과 공명

공 명

100마리째 원숭이 현상

파동 경영

동시성에 대해서

명상하는 자가 살아남는다

현실을 창조하는 마음 상태 제로

식물의 신비 생활

지니가 사용하는 파동과 공명

공 명

공명은 물리학의 가장 기본적인 주제입니다. 두뇌 분야에서 공명만큼 중요한 주제가 없습니다. 시크릿을 구현하는 것도, 사람끼리의 텔레파시 현상에 대한 것도, 휴대전화의 전파가 전달되는 과정도 이러한 공명이 중요한 역할을 합니다. 시크릿과 이미지 심상에서 원하는 것을 끌어당기는 역할을 하는 것이 바로 공명의 원리입니다. 사회적인 현상들이 갑자기 증가한다는 티핑포인트 원리도 역시 마찬가지입니다. 시크릿을 구현하는 과정에서 우리의 생각을 소원에 집중할 때 우주는 서로 공명하는 사람을 연결합니다. 따라서 우리가 원하는 것, 대상, 사람이 줄줄이 연계되고 구현시키는 싱크로니시티 과정이 일어납니다.

유유상종이라는 말처럼 서로의 생각과 마음의 파동이 비슷하게

공명하는 사람들끼리 만납니다. 따라서 현재 희망과 목표가 없다면 공명할 대상이 존재하지 않게 됩니다. 강렬하게 무언가를 원하면 그것과 공명하는 사람과 일이 연계됩니다.

생각은 자기력을 가집니다. 자기력은 원하는 것을 끌어당기는 자석입니다. 우리가 긍정적인 생각을 하면 긍정적인 것을 끌어당기고, 부정적인 생각을 하면 부정적인 것을 끌어당깁니다. 스타워즈에 포스라는 용어가 나옵니다. 포스(Force)는 힘이라는 뜻입니다. 이 포스는 생각 속으로 흐르는 자기력의 에너지가 작용함에 의해서 방사됩니다. 그래서 오랜 기간 운동이나 자기 계발을 한 사람 주변에는 이러한 생각의 포스가 강하게 방출되기에 포스가 강하다고 말합니다.

스필버그는 투자자를 만나고 끌어당길 때, 이 생각의 포스가 강하게 작용하여 자신이 원하는 사람과 만날 수 있었습니다. 개인이 오랜 기간 하나의 생각을 오래 하면 이렇게 자신의 꿈을 달성시켜줄 사람을 만나지만, 수십 명이 동시에 같은 생각을 하면 사회적인 현상이나 유행이 갑자기 일어나는 '티핑포인트' 현상을 접하게 됩니다. 그리고 더 나아가서 셸드레이크 가설 또는 '유형의 에너지장에 의한 유형의 공명'이라고 칭하는 100마리째 원숭이 현상을 경험하게 됩니다.

■ 실 습

공명의 원리를 물리학적으로 학습한다.

원하는 것은 세상에 반드시 존재한다는 것을 인지한다.

원하는 것에 생각과 마음이 집중될수록 점점 더 가깝게 다가오는 것을 감지한다.

결과적으로 비슷한 생각을 하는 사람을 만나게 되고, 우리가 원하는 시크릿과 비슷한 생각을 하는 사람이 연결되면서 시크릿을 구현하고 창조하게 된다. 자신이 원하는 것이 구체적으로 달성된 시점, 형태, 상황들을 메모하고 정리한다.

100마리째 원숭이 현상

약 50년 전, 일본 미야자키현 동해안의 고지마(幸島)라는 무인도에서 일본원숭이에게 고구마를 주어 길들이는 데 성공했습니다. 원숭이들은 처음에 고구마에 묻은 흙을 털어내고 먹었습니다. 어느 날 젊은 암컷이 고구마를 강물에 씻어 먹자 다른 원숭이들이 따라 했습니다. 고구마 씻어 먹기가 원숭이 사이에서 일상화되자 놀라운 일이 벌어졌습니다. 고지마 원숭이와 전혀 접촉이 없던 다른 지역 원숭이들도 고구마를 물에 씻어 먹기 시작한 것입니다. 한 마리가 생각해 낸 지혜가 집단으로 확산되고, 수가 일정량을 넘으면 멀리 떨어진 동류

소 · 원 · 을 · 들 · 어 · 주 · 는 · 지 · 니

도 '자연스럽게'도 그 지혜를 받아들이고 실천하게 된다는 것입니다.

영국 과학자 루퍼트 셸드레이크는 이런 현상을 '유형(類型)의 장(場)에 의한 유형의 공명(共鳴)'이라는 '셸드레이크 가설'로 설명했습니다. 100명이 문제의식을 느끼고 깨달으면 세계가 변한다는 것입니다. 1981년에 발표된 이 이론은 1982년부터 94년까지 구미의 생물학자, 심리학자, 물리학자들을 중심으로 대논쟁을 불러일으켰습니다. 많은 실험이 시행되었으며, 그 결과 정설이 됐습니다. 셸드레이크는 유형의 장의 형성과 공명작용은 생물의 형태와 행동뿐 아니라 원자나 분자 수준, 의식이나 지각 수준, 사회구성원리 등에도 작용한다고 봤습니다.

고구마 씻기는 원숭이의 행동 양식에 대한 공명이었지만, 인간의 마음이나 사회적 의견형성 등에도 과거나 다른 장소로부터의 시공을 초월한 공명작용이 있다고 합니다. 따라서 지금까지 초현상으로 규정해왔던 불가사의한 현상, 즉 서로 어떤 인과관계도 없는 두 개의 사건이 동시에 병행하여 일어나는 동시성(Synchronicity)과 칼 융이 주장한 집단적 무의식도 이 가설을 적용하면 설명할 수 있습니다.

아득한 옛날부터 극히 자연스럽게 계승되어 온 인간의 사고와 행동 양식, 사회풍토나 유행도 셸드레이크 이론으로 설명 가능합니다. 물리학의 공명 현상과 티핑포인트도 연관됩니다. 사람의 생각은 주파수처럼 상호 간에 작용하고 있기에 같은 생각을 하는 사람이 100

소·원·을·들·어·주·는·도·깨·비

명 이상이면 그 생각이 수많은 사람에게도 빠르게 퍼지는 것이 가능합니다. 좋은 생각을 같이 행하는 사람이 많아질수록, 시크릿을 구현하는 사람이 많아질수록 세상은 점점 더 밝아질 것입니다. 통일도 많은 사람이 진정 갈망하고 원할 때 더욱더 빠르게 이루어지리라 봅니다. 개인의 시크릿이 10년 정도 걸린다고 가정하면, 비슷한 시크릿을 원하는 사람들이 공동으로 진행한다면 공명과 동조 현상에 의해서 훨씬 더 빠르게 각자의 시크릿도 이루어질 것입니다.

스필버그의 사례를 설명하면서 우리는 생각, 자기력, 공명, 100마리째 원숭이 현상까지 단숨에 공부했습니다. 우리가 원하는 꿈을 달성하기 위해서는 무엇을 통해서 어떻게 달성되는가를 정확하게 이해할 필요가 있습니다. 학교에서 수학과 물리를 배웠지만, 공식을 이해하지 못한 상태에서는 어떤 문제도 풀지 못한다는 것을 알고 있습니다. 당연하게도 우리가 꿈을 이루기 위해서는 명료하게 생각하고 생생하게 꿈꾸어야 합니다. 원하는 것이 어떻게 달성되는가에 대한 정확한 공식을 아는 것과 모르는 것은 하늘과 땅만큼의 차이를 불러옵니다. 그래서 수많은 사람이 시크릿, 끌어당김의 법칙, 기타 자기계발서로 공부해도 중도 포기할 수밖에 없었던 것입니다. 꿈을 달성할 수 있는 정확한 공식을 알아내지 못했기 때문이죠.

꿈꾸는 다락방 이지성 작가의 R=VD는 아주 중요한 심상화를 공식화 한 점은 좋습니다만, 시크릿이 존재하지 않는다는 것과 끌어당김의 법칙은 없다고 주장한 것은 좀 문제가 됩니다. 이지성 작가가 기초 공식을 제시한 점은 수학과 물리공식을 사용해서 좀 더 확장된 형태로 문제를 풀어가듯이, 여러분의 꿈을 달성하도록 도와주는 측면에서는 좋습니다. 그러나 본서에서 설명하는 여러 공식을 정확하게 이해하고 하나씩 자신의 것으로 소화하는 것은 시크릿을 달성하는 시간과 에너지와 시행착오를 줄이는 측면에서 필요합니다.

■ 실 습

> 좋은 일이나 생각을 공유할 사람을 모으거나 정보공유사이트를 개설해서 확산하는 구도로 매일 꾸준하게 글을 올리고 발전시키면서 유형의 장의 형태가 확장되는지를 체험하고 검증한다.

파동 경영

경영하는 분들을 위해서 추천하고 싶은 책은 매일경제신문사에서 출간했던 나카지마 다카시의 『파동 경영』입니다. 우리의 생각이 서로에게 영향을 준다는 것을 아주 구체적으로 다양한 관점에서 조망하고, 연관된 사례들을 들어서 설명해 놓았습니다. 100마리 원숭이째 현상과 공명 현상, 티핑포인트 등 기타 제반 현상에 대한 구도와도 밀접하게 연관되는 주제입니다.

기업은 살아있는 생물입니다. 기업에도 생로병사가 있습니다. 잘 가꾸고 키우면 기업은 장수합니다. 서로의 생각과 마음과 이상이 같은 사람들로 일사불란하게 이끌어가는 것은 최고경영자의 중요한 덕목입니다. 인사담당자는 기업의 목표와 개인의 꿈을 일치시키는 역할을 하는 아주 중요한 사람입니다.

지난 2000년에 한국의 기업 경영자 대상을 받았던 로커스 기업의 인사담당자는 철학자 출신이었고, 개인과 기업의 꿈을 하나로 일치시키는 인재들을 한 사람씩 면접하고 사원을 구성해서 회사에 비약적인 발전을 이루어냈습니다. 일본의 '이상한 회사'인 메이난 제작소의 하세가와 최고경영자는 모든 직원에게 물리학 원리와 공식을 교육해 직원의 생각과 마음을 물리학 공식으로 일치시켜서 불황을 모르는 회사로 키웠습니다. 따라서 기업의 핵심 경영진과 임원들은 이러한 원리와 법칙에 대한 정확한 이해를 바탕으로 경영진과 임원들을 잘 조직하는 것에 중점을 둬야 합니다.

기업이 원하는 방향과 목표를 설정하되 모든 직원이 공감하고 직원들에게 혜택이 주어지는 구도로 잘 설계하고, 그러한 이미지와 생각을 목표로 구체화해서 모든 직원에게 주지시키고 각인시키는 플랜을 만들어서 실행한다.

2017년 5월 출간된 한국의 젊은 부자들이라는 책은 평균나이 33세, 연평균 매출 184억 원을 기록한 61명의 성공사례를 소개했는데, 그 속에서 자신의 회사에 연관되는 중요 지침을 찾아서 직원 교육에 사용한다.

월트디즈니는 이러한 형식을 직원들과 함께 공유하고, 강렬하게 이미지 심상과 아울러 큰소리로 외치는 시간을 매일 아침 7시 30분에 진행했기에 어린이들을 위한 이상적인 기업으로서 자리매김했다. 이와 비슷한 전략적인 회의를 매일 오전에 진행해본다.

기업은 이런 원리를 바탕으로 회사의 무병장수를 이끌어내는 것이 절실히 필요하다.

소·원·을·들·어·주·는·도·깨·비

동시성에 대하여

원하는 것에 대한 열망이 강할수록, 내부에서 느껴지는 감수성이 깊어질수록 우리의 마음과 생각은 강력한 에너지를 가진 자석이 됩니다.

이러한 자석의 작용은 우리가 생각하는 것들이 주변에서 동시에 똑같이 발생하는 일들을 일으키는 것처럼 보입니다. 생각은 파동이고, 파동은 사람들에게 전달되기에 우리와 비슷한 생각을 하는 사람을 만나거나 비슷한 생각을 책이나 대중매체나 신문을 통해서 보고 듣고 느끼는 현상이 증가합니다. 이러한 현상이 증가하면 시크릿을 창조하고 만드는 에너지장이 형성되고 있다는 것을 간접적으로 검증하기 쉽습니다.

칼 융의 동시성 이론은 상당히 매력적이고 재미있는 주제로, 물리학의 공명 현상과도 아주 비슷한 개념으로서 다가갈 수 있습니다. 강렬한 희망과 열망이 증가하면 우리는 그러한 생각의 에너지장을 형성시키고, 그 에너지장은 비슷한 생각을 하는 사람들과 공명하면서 점점 만나게 되는 확률이 높아지고, 현실에서도 유사한 경험이 증가합니다. 100마리째 원숭이 현상과 티핑포인트도 비슷한 개념으로 이해할 수 있습니다.

■ 실 습

> 자신이 한 가지 주제를 정하고 강렬하게 몰입하면서 그날 하루에 자신의 주변에서 어떤 일이 일어나는지 관찰한다. 꿈속에서도 비슷한 현상이 일어나는지 살펴본다.
>
> 시크릿의 주제가 강할수록 동시성이 일어나면서 현실에서 어떤 형태로 만들어지는지 관찰한다. 다른 시크릿을 진행할 때 이러한 경험들을 좀 더 확장한다.

소 · 원 · 을 · 들 · 어 · 주 · 는 · 지 · 니

명상하는 자가 살아남는다

명상은 내면의 컴퓨터에 접속해서 원하는 답을 구하는 과정입니다. 인터넷에서 우리가 구하는 정보는 대부분 지식입니다. 일부는 삶의 지혜가 담겼을 수 있습니다만, 진정한 지혜의 정보는 명상과 참선으로 얻습니다. 참선은 불필요한 우리의 생각과 감정을 예리한 메스로 도려내고 정리하는 것입니다. 명상이 깊어지면 문제점을 제거하고 자신의 장점을 발견하게 됩니다.

명상은 작은 포털 사이트에 접속하는 것이고
참선은 좀 더 확장된 포털 사이트에 접속하는 것이며
몰입은 우주라는 광대한 포털 사이트에 접속하는 것입니다.

명상과 참선과 몰입이 깊어지면 공식에서 보인대로 우리가 원하는 결과를 창조하고 도출하기가 더 수월해집니다. 명상이라는 주제에 대해서 이지성 작가가 너무 가볍게 처리한 것은 다소 아쉬운 감이 있습니다.

명상이 건강에 좋다는 것은 많은 실험을 통해서 알려진 바이고, 정신 건강과 심리적인 안정에 중요하다는 것도 많은 사례를 통해서 익히 알고 있습니다. 명상은 우리가 문제를 해결하기 위해서 집중하고

몰입하는 과정에 일어나는 중간 과정으로서, 문제들을 객관적으로 바라보고 우리의 이성이 정교하게 판단하고 결정하는 데에 도움이 됩니다. 명상은 또한 직관과 통찰력을 키워주며 다른 개념과 관념, 지식을 통합시켜서 새로운 지식과 지혜를 제공합니다. 명상에 정통하기 위해서는 고대 지혜에서 출간된 다양한 자료를 공부하는 게 필요합니다. 그리고 한국, 인도, 네팔, 티베트의 수많은 사원에 직접 방문해서 경험해보는 것도 중요합니다.

■ 실 습

단순한 생각을 해본다. 자신이 원하는 질문의 해답을 생각하면서 자신의 의식이 확장되는 것을 느낀다. 원하는 것을 심상하면서 그 이미지가 공간 속으로 확장되고 펼쳐지는 것을 느껴본다. 자신을 완전히 이완시킨 후 고요한 상태에서 자신을 바라볼 때, 어떤 느낌인지 살펴본다.

하나의 주제에 강렬하게 집중한다.
자신의 자아를 주시하면서 명상한다.
초월적인 주제를 생각하면서 자신을 관찰한다.

현실을 창조하는 마음 상태 제로

정신세계사 『제로』 책에서는 시크릿을 구현하는 가장 이상적인 방법이 서술되어 있습니다. 과거의 감정을 버리고, 미래의 근심을 지우고, 오직 현재에 모든 것을 집중하고, 모든 생각과 감정을 비우고, 고요한 상태에 있을 때 원하는 것들이 가장 잘 창조된다는 것입니다. 우리는 과거의 이미지, 생각, 경험, 느낌 등에 의해서 현재를 훼손합니다. 따라서 시크릿을 잘 구현하기 위해서는 과거의 정보와 에너지장을 얼마나 잘 지우느냐에 달려 있습니다. 명상과 각종 종교적인 수행이 필요한 이유는 자신의 제한된 생각과 감정의 감옥에서 벗어나, 원하는 새로운 삶의 환경을 생각하고 몰입해서 그 에너지장을 강화하는 것에 있습니다.

자연치유는 우리가 모든 것을 잊어버리고 자거나 쉴 때 가장 잘 진행됩니다. 마찬가지로 우리가 원하는 것은 핵심을 글이나 이미지로 정리하고 집중한 다음 이완, 명상, 휴식, 음악 감상, 영화 감상 등을 하고 있을 때, 아이러니하게도 완성되고 아이디어로 구체화되어 나타납니다. 우리는 현실을 과거의 부정적인 경험과 생각과 느낌으로 계속 재창조하고 있음을 간과해서는 안됩니다. 우리가 원하는 것은 미래에도 과거에도 존재하지 않습니다. 오직 지금 이 순간 우리가 얼마나 열정적으로 원하는 것에 집중하고 몰입하느냐에 달렸습니다. 컵에 물이

소·원·을·들·어·주·는·도·깨·비

담긴 상태에서는 주스를 담을 수 없습니다. 과거라는 잔을 비우고 시크릿의 이미지를 담아서 마셔야 현실에 구현됩니다.

■ 실 습

> 복잡한 마음과 혼란, 걱정, 근심, 두려움이 있을 때 음악을 듣거나 영화를 보거나 여행한다. 그래서 근심 · 걱정과 자신과의 사이에 틈새가 생기면 원하는 것을 심상하고 기획하고 구체화해본다.
>
> 강렬한 몰입 이후에 피곤할 때는 모든 것을 잊어버리고 온전히 쉬는 시간을 가져서 내부의 자아가 모든 문제를 아주 효율적으로 처리하도록 하는 시간을 가져본다. 시크릿과 실용적인 방법론들은 서로가 절묘하게 블랜딩 될 때 가장 이상적인 결과를 도출한다.

식물의 신비 생활

피터 톰킨스의 『식물의 신비 생활』은 사람의 감정과 생각이 식물에 전달되는 것을 연구하고 실험한 아주 좋은 책입니다. 사람이 식물에 해를 가하려고 생각만 해도 식물은 극렬하게 반응합니다. 씨앗을 심을 때 배려와 기대를 갖고 대화하면서 심으면 더욱 잘 자란다는 것이 이 분야 '대가'들에게는 아주 자연스러운 것입니다. 식물도

사람의 생각을 읽는데, 만물의 영장인 사람이 사람의 생각을 못 읽는다는 게 이상한 것이죠. 단지 그런 능력을 사용하지 않고 훈련하지 않아서 잠재된 상태에 있을 뿐입니다.

사람의 생각은 전기적인 작용을 함으로써 전달되는 것이 가능합니다. 식물이 사람의 생각을 읽는 것은 생각의 전기적인 성질과 자기적인 성질을 식물의 레이더로 감지하는 것입니다. 사람은 더욱더 정교한 레이더와 시스템을 가진 존재이기에 약간의 훈련만으로도 읽는 것이 가능합니다.

일반적으로 가까이 있는 사람 사이에서 텔레파시가 일어나기도 하지만, 서로가 멀리 떨어진 사람 사이에서도 정보를 주고받는 것이 가능합니다. 이러한 가정하에 우리의 잠재의식은 다른 사람의 잠재의식과 교류하는 것이 가능하다고 추론할 수 있습니다. 그래서 칼 융의 집단 무의식은 인류의 잠재의식과 우리의 잠재의식은 서로 강하게 연결되어 있어서 인류는 집단 무의식 작용을 항상 받고 있다는 것으로 설명합니다.

우리가 원하는 것을 구현할 때 강한 저항이 존재하는 이유는 인류의 잠재의식이 스스로 제한하고 낮췄기에 기준치가 낮아진 탓입니다. 따라서 큰 목표를 성취하기 위해서는 인류의 잠재의식에 제한되

어있는 생각의 저항을 이겨내는 것도 필요합니다. 우리가 경험한 제한된 현실과 인류의 제한된 생각은 우리가 큰 목표를 구현하는 과정을 방해합니다. 이를 이겨내는 훈련이 필요합니다.

■ 실 습

주변에서 보이는 식물과 대화하고 교류해본다. 우리가 식물의 씨앗을 심고 난 다음에 잘 자라도록 깊은 마음의 대화를 시도한다. 일반적인 사물에도 대화하고 그 반응을 느껴본다. 만물이 하나의 생명체처럼 상호 연결되어 있음을 평상시에 느끼고 감지한다.

사람과 사람 사이에 생각과 감정의 교류가 현재의식에서 진행되는 것과 잠재의식에서 진행되는 것의 차이를 느껴본다.

소 · 원 · 을 · 들 · 어 · 주 · 는 · 지 · 니

지니 명상 7 – 오성을 여는 명상

· 시, 그림, 예술의 창작 활동을 활성화하는 명상.
· 우리가 원하는 것의 주제에 대해서 명상하면,
  그 주제에 대한 구체적인 방법들이 떠오른다.

· 집중하는 단계의 명상은 한 점에 집중하는 것과 같고
  몰입하는 단계의 명상은 그 한 점과 하나가 되는 것이
  며, 창작이 일어나는 단계의 명상은 그 한 점과 같이
  무한하게 확장하는 것이다.

지니 명상 8 – 직관을 계발하는 명상

· 사물의 본질을 파악하는 명상이며,
  일의 핵심을 꿰뚫어보는 명상이고
  과거를 쉽게 기억해내는 명상이며,
  미래를 통찰하는 명상이다.

5. 신화와 전설을 만드는 지니

신화와 전설을 만드는 지니

불사조와 봉황에 대한 신화

불사조와 봉황에 대한 신화는 우리의 영혼이 불멸인 것을 상징적으로 표현한 것입니다. 영혼이 자신을 불사르면서 살아가는 것이 현재의 삶이고, 죽음을 통과한 후에는 더 큰 불사조로 재탄생한다는 뜻입니다. 해리포터와 마법사의 돌에서 돌이 바로 불사조를 뜻합니다. 우리의 영혼은 불사조이기에 육체는 일시적으로 사라지지만, 우리의 주체인 영혼은 불멸로 존재한다는 사상이 불사조와 봉황의 신화입니다. 다양한 종교에서 나타나는 불멸의 신화와 전설들은 바로 영혼의 불멸에 대한 것을 상징과 은유로 표현한 겁니다. 예수님은 부활한 이후에 더 크고 많은 일을 행했다고 합니다.

> 자신의 성격과 자아가 수시로 변하는 것을 지켜보면서 진정한 자아와 자신은 어디에 있는지 사유해본다. 자신의 심장에 의식을 집중하고 몰입하여 좀 더 근원적인 자신이 존재하는지에 대해서 느껴본다.
>
> 두뇌에 의식을 집중하여 불사조와 봉황이 자신의 머리 정중앙에서 재탄생하는 것을 심상한다. 이후에 자신의 지니를 심상하고 에너지를 부여했을 때 지니가 좀 더 강하게 변했는지 확인한다.

천사와 악마로 존재하는 다양한 지니

요정, 천사, 악마, 도깨비 등 다양한 지니가 있습니다. 요정은 친근하면서 가장 약하며, 천사는 대천사와 일반 천사로 나뉘어 각자 우주 에너지와 원리와 법칙들을 관장하면서 사람들에게 도움이 되는 여러 가지 일을 행합니다. 악마에는 타락한 천사도 있고, 사람들의 강한 부정적인 상념들이 뭉쳐져서 만들어진 것도 있습니다. 천사가 절대자에 의해서 만들어졌다면 악마는 사람에 의해서 만들어집니다. 중요한 것은 요정, 천사, 악마처럼 좋고 나쁜 대부분의 하위 등급의 지니는 사람의 상념에 의해서 만들어집니다.

사람은 수시로 작은 천사와 작은 악마를 생각과 감정으로써 만들어내고는 곧 잊어버리기 일쑤입니다. 신화와 전설에서는 "사람은 누구나 자신의 선한 천사와 악한 천사를 동시에 가지고 있다."라고 말합니다. 우리는 삶 속에서 천사처럼 밝은 생각을 하다가도 상황이 복잡하거나 위기의 순간에는 어둡고 악한 생각을 하기에 수많은 세월 동안 살면서 선한 천사와 악한 천사를 항상 양옆에 데리고 다닙니다. 이러한 모든 존재를 쉽게 이해하기 위해서 단순하게 지니라는 용어와 개념으로 사용합니다.

■ 실 습

2016년에 상영된 『신비한 동물 사전』 영화를 감상하면서 우리 생각이 저러한 동물의 형태로 창조되는 것이 가능한지를 연구해본다.

인간의 상상력으로 모든 것이 창조된다면 상상 동물이 존재하는 것이 가능한지 추론한다. 우리나라 건물에 가끔 보이는 해태에 관한 자료를 검색한다.

지진·해일·화산·홍수를 일으키는 지니

모든 일이 원인과 결과에 따라서 일어난다고 했습니다. 모든 일에는 반드시 원인이 존재합니다. 부정적인 생각과 감정은 지니에게는 식량과 같습니다. 지니에게 집단으로 공포, 분노, 미움, 시기, 질투, 불안의 에너지를 부여하면 힘이 강해집니다. 형이상학에서는 이러한 지니가 사람들의 에너지를 흡수해서 일으키는 것이 지진, 해일, 태풍, 화산, 홍수라고 말합니다. 종교 경전에서도 자연재해는 사람들의 부정적인 감정과 생각이 뭉쳐져서 일어난다고 했습니다. 전쟁은 사람들의 공포와 두려움이 증대되고 뭉쳐진 결과입니다. 자연재해도 같습니다. 그래서 아라비안나이트의 지니가 설화나 민간에서 만든 소설이라기보다는 고대의 지혜를 바탕으로 만들어진 작품이라는 것을 알게 됩니다. 데미안, 파우스트 등도 고대 지혜와 가르침을 바탕으로 만들어진 것입니다.

■ 실 습

항상 긍정적이고 낙관적인 마음을 가지도록 노력한다. 자연재해를 일으키는 사람들의 부정적인 생각과 감정을 흡수하는 밝은 지니를 강하게 심상한다.

사람들의 의식을 밝게 변화시키는 진정한 의미의 학교가 점차 만들어지는 것을 강하게 심상한다. 자기 삶의 목표 중에서 세상을 밝게 하는 일을 한두 가지 정해서 꾸준히 실천한다.

신화와 전설 속의 지니

모든 신화와 전설 속에는 지니의 활약이 두드러집니다. 오랜 세월 사람들의 마음과 생각이 지니에게 에너지를 불어 넣어짐으로써 힘이 점점 더 커지게 됩니다. 지니를 운용하는 측면이 강하고 탁월한 결과를 만들어내는 존재들을 우리는 신이라고 하기에, 일반 전설과 설화에서 신화의 단계로 점점 격상하게 됩니다. 동서양의 다양한 신화를 살펴보면 처음에는 사람이었지만 나중에 신으로 변한 사람들, 처음에는 신이었으나 지상으로 추락한 존재의 이야기가 나옵니다. 중요한 것은 우리의 생각과 감정을 운용하고 사용하는 정도에 따라서 지니가 발전하고, 그 과정에서 사람은 설화, 전설, 신화의 단계로 올라가는 여정이 만들어지기도 한다는 것입니다. 우리도 그러한 단계를 밟아가면서 자아실현, 각성, 깨달음, 그리고 신과 하나가 되는 길을 걸어갈 수 있습니다.

인도 요가의 의미는 신과의 합일이고, 그 요가는 8대 요가가 있고, 그중 일반적으로 알려진 자세와 아사나의 요가는 하타요가입니다. 동서양의 다양한 수행법은 사람을 일반 보통 단계에서 절대자와 하나가 되는 단계로 나아감을 목적으로 하고, 그 훈련 중 핵심으로 작용하는 것은 지니입니다.

소 · 원 · 을 · 들 · 어 · 주 · 는 · 지 · 니

■ 실 습

> 다양한 신화와 전설 중에서 자신에게 전율과 공감을 일으키는 하나를
> 선택하고, 그 신화의 주인공을 지니로 심상한다. 점점 심상이 강해질수
> 록 묘한 시공간의 감각이 느껴진다. 그러한 지니와 자신을 하나로 일체
> 화시키는 몰입의 감각을 음미하면서 삶에서 일어나는 변화를 확인한다.

그리스·로마 신화 속의 지니

이제 그리스·로마 신화를 읽을 때 느끼는 감동이 예전과는 다를 겁
니다. 왜냐하면, 신화 속의 주인공처럼 자신에게도 잠재력이 있다는
사실을 깨달았으니까요. 자신과 가장 비슷한 전설속 인물과 동일시
하고 그런 인물이 되도록 단련하고 훈련해감에 따라서 여러분의 지
니가 역량을 발휘할 수 있도록 도와주는 체험을 하게 될 것이기에 그
렇습니다.

■ 실 습

> 자신이 가장 좋아하는 신화를 하나 선택한다. 신화 속에 나오는 모든
> 신적인 존재를 각각 지니로 심상한다. 자신의 지니가 그러한 존재들과
> 교류한다고 상상한다. 자기 생각과 감성에 일어나는 미묘한 변화를 관찰
> 한다. 이러한 과정에서 두뇌에도 변화가 일어나는지 다각도로 살펴본다.

드라마 『도깨비』에 나타난 지니

2016년에서 가장 화제를 불러온 드라마는 도깨비일 겁니다. 도깨비는 지니와 연관이 있고, 그중 강한 부류에 속합니다.

요정 등급의 지니, 도깨비 부류의 지니, 그보다 더 강한 지니로 나눌 수 있습니다. 도깨비는 중간 정도로써 사람을 돕기도 하고 골탕먹이기도 합니다. 드라마 도깨비는 지니를 대중에게 친숙하게 소개했습니다. 도깨비를 소환하는 내용은 알라딘의 램프에서 지니를 소환하는 것과 같습니다. 그래서 우리가 우리의 지니를 모르고 지금까지 살다가 지니를 인식한 이후에 지니를 소환하고 사용하게 되면 자기 일들이 전보다 가속도가 붙는 것을 경험합니다.

■ 실 습

> 자신의 다락방인 머리 속에서 도깨비(공유)와 같은 지니를 심상한다. 점점 강하게 심상하면서 지니와 자신을 하나로 일체 시킨다. 그 과정에서 도깨비(공유)가 가졌던 그러한 능력이 자신의 내부에서 깨어남을 온몸으로 체험하듯 느껴본다.

죽은 자들의 세계

기절하거나 죽음을 통과하고 다시 살아난 사람들의 말을 들어보면 이러한 지니와 영의 존재들이 실재하고 자신을 안내하며, 자신의 삶에서 아주 많은 도움과 영향력을 주었음을 알 수 있습니다. 임사체험한 경험담을 살펴보면 지니의 존재와 중요성을 깊게 이해할 수 있습니다.

■ 실 습

꿈속에서 강렬한 체험을 한 다음에 현실에 어떤 변화가 일어나는지 살펴본다. 꿈을 강하게 변화시키는 다양한 시도를 하면서 삶에서 어떤 현실적인 변화가 일어나는지 정밀히 살핀다.

자기 직전에 자신이 죽음의 공간을 체험하도록 지니에게 요청한 후 잠자면서 임사체험과 비슷한 것을 경험하는지 살펴본다. 임사체험과 비슷한 것을 경험한 후에 자신의 삶을 바라보는 시각에 얼마만큼의 차이가 발생했는지 알아본다.

6. 아이들이 사용하는 지니

소·원·을·들·어·주·는·도·깨·비

아이들이 사용하는 지니

다락방의 꿈을 창조하는 지니

다락방에 나오는 여러 성공담은 지니에 의해서 이루어진다는 것을 이제는 이해할 수 있을 겁니다. 자기계발서에서 언급하는 다양한 방법론은 우리가 가져야 할 마음과 정신자세이고, 그러한 자세에 의해서 만들어지는 생각과 감정의 지니가 모든 것을 달성하는 역할을 합니다. 머피 박사의 100가지 법칙이나 맥스웰 말츠의 정신두뇌공학(멘탈사이버네틱스)도 지니 덕분에 실효성이 있는 것입니다.

■ 실 습

드라마 도깨비에서 여자 주인공이 도깨비(공유)를 소환할 때 성냥을 사용했다. 자신의 희망을 강력히 심상해서 지니를 만든 다음 지니를 소환하기 위해 어떤 방식을 사용할지 한 가지를 정해서 실천해본다.

인성, 성격, 자아의 형성과정과 성장

　지성과 감성 회로는 근육처럼 단련하고 훈련해야 합니다. 이는 두뇌 역량이자 지니의 역량으로 변환됩니다. 인성이 좋은 사람은 두뇌 회로가 많이 확장되어 있어서 좋은 사람, 성공 가능성이 큰 사람과 잘 연결됩니다. 그러나 인성이 좋지 않은 사람은 자신에게 중요한 기회가 다가와도 키우거나 성사시키지 못합니다. 인의예지신은 우리가 키울 수 있는 품성 회로이자 두뇌 회로이기에 인성이 좋은 사람은 두뇌 역량도 크고, 지니를 소환하고 사용하는 재능도 많습니다. 마음 씀씀이가 좋아야 복을 받는다는 말이 바로 이 뜻입니다. 좋은 인성을 바탕으로 성장한 사람은 성격도 좋고 확장된 회로가 만들어지기에 큰일과 좋은 일을 행할 가능성이 점점 커집니다. 인성, 성격, 자아는 지성과 감성의 회로이고, 우리가 삶 속에서 경험한 감정적인 사건과 지성적인 일들을 통해서 각자 다른 성격과 자아가 형성되고 만들어집니다.

■ 실 습

　긍정적이고 좋은 음악, 책, 영화를 보면서 자신의 인성, 성격, 자아에 어떤 변화가 일어나는지를 살펴본다. 가장 좋아하는 영화배우나 캐릭터, 이미지를 정해 자신과 동일시하는 훈련을 진행한다. 시간이 지날수록 인성, 기질, 성격에 일어나는 변화를 관찰하고 메모하면서 자신의 성장 정도를 점검한다.

청소년을 도와주는 지니

청소년기는 감수성이 예민하고 지성이 발달하는 시점이라 유대인처럼 어릴 때부터 다양한 훈련과 공부를 도와주는 것이 좋습니다. 유대인이 세계를 좌지우지하는 것은 두뇌가 좋기 때문인데, 이 두뇌발달에 지니가 아주 중요한 역할을 합니다.

유대인은 자기들의 경전과 탈무드에서 카발라의 중요 가르침을 공부하는데, 거기에서 중요하게 다루는 부분은 지니와 연관된 주제이고, 사람의 두뇌는 일반적인 두뇌 훈련만으로는 발달하지 않고 탈무드와 카발라 가르침에서 나오는 지니와 연관된 것을 통해서 두뇌가 계발됩니다.

두뇌계발은 생각을 어떤 방식으로 할 것인가, 생각을 강화하는 법 등 다양한 형태로 진행하는데, 이 과정 중에 지니가 활성화되고 발전하면서 두뇌발달을 강화합니다. 종교적인 수행이나 기도가 우뇌에 영향을 미치고, 좌뇌와 우뇌가 융합되는 것에도 영향을 주어서 창의성과 지능지수가 증가하게 됩니다. 지니에 대한 이해와 지니를 활성화하는 훈련이 유대인의 경전과 가르침 속에 많이 내재한 까닭에 유대인들의 두뇌발전은 시간이 지날수록 점점 더 발전합니다. 그래서 세계의 중요한 정치, 경제, 사회, 과학 각 분야에서 두드러지게 활약하는 것입니다.

■ 실 습

> 아라비안나이트의 지니에 관한 내용을 꼼꼼하게 읽어본다.
>
> 다양한 지니를 개별적으로 심상하고 만들어본다. 각각의 지니를 상황, 일에 따라서 소환하고 부리는 것을 심상한다. 현실에서 일어나는 여러 가지 변화를 관찰하며 지니가 현실에 어떤 작용을 미치는지 실감한다.
>
> 세계를 좌지우지하는 사람을 한 명을 정하고 심상한다. 그 사람을 지니로 심상하고 자신이 그 지니처럼 변화되는 것을 느껴본다. 장기간 심상하면서 두뇌에 일어나는 변화를 살펴보고 시험이나 기타 일에서 일어나는 성과와 변화를 객관적으로 확인한다.

크리스탈 아이들

이 아이들의 특징은 사람들의 지니를 파악하고 진의를 간파하는 능력이 탁월하고 스스로 긍정적이고 좋은 지니를 만들어서 세상 속으로 보내는 능력이 출중하다는 것입니다. 이런 아이들을 잘 양육하는 것이 중요합니다. 이들은 세상의 나쁜 지니를 완화하고 긍정적인 지니를 활성화합니다. 물병자리 『크리스탈 아이들』을 참조하시기 바랍니다.

■ 실 습

> 감수성 있는 아이들과 대화할 때 그들의 독립된 자아의 성숙도를 살피
> 고 관찰하는 습관을 지닌다.

영재교육을 위한 지니

아이들에게 동화를 읽어주는 것은 아이의 지니를 형성시키는 데에 중요한 역할을 합니다. 천사와 관련된 자료들을 살펴보면 인간은 누구나 선악의 천사 둘이 항상 동행한다고 합니다.

동화를 통해서 아이들에게는 여러 명의 지니가 형성되고, 이 지니는 아이들의 감수성과 지성 발달에 영향을 줍니다. 좌뇌는 지성적 지니가, 우뇌는 감성적 지니가 작용하여 두뇌를 섬세하게 디자인합니다. 아이에게 들려주는 동화는 좌뇌와 우뇌를 정교하고 아름답게 디자인하는 작업과 같습니다. 위인전은 아이에게 용기, 리더십, 결단력 등 다양한 능력을 형성시킵니다. 영재교육에서는 동화, 위인전을 포함한 다양한 지혜 체계에 연결되도록 하는 것이 중요합니다. 그래서 실무적인 두뇌, 감성적인 두뇌, 지성적인 두뇌, 영성의 두뇌가 각각 섬세히 발달하도록 그러한 자료와 지혜들을 공부하게 하는 것이 무엇보다 필요합니다.

부모는 아이의 적성과 자질을 활성화할 다양한 동화책을 선정한다. 그 책 중 아이가 가장 좋아하는 책을 정한다. 그 책의 주인공을 아이가 지니로 심상하도록 한다. 그 지니가 아이를 도와주는 천사처럼 언제나 아이 주변에서 보호하고 도움을 주는 것을 아이가 항상 심상하고 느끼도록 이끌어준다.

마인드맵을 활성화하는 지니

토니 부잔에 의해서 알려진 마인드맵은 우리가 원하는 것을 기획, 설계하고 구체화하는 도구로써 아주 유용합니다. 마인드맵을 통해서 구체화된 각각의 사항에 대해서 자신의 지니와 같이 의논하고 지니에게 현실화를 요청하면서 마인드맵을 사용하면 아이디어를 실현하는 속도에 도움이 될 뿐만 아니라, 실제로 현실에 물현하는 과정에도 추진력을 얻게 됩니다.

■ 실 습

마인드맵 기법을 정확하게 익히고 사용한다. 지니를 심상, 운용 또한 병행한다. 동시에 진행하면서 두 기능을 융합하고 각각의 역량을 최대한 활성화해간다.

재능과 잠재력을 키워주는 지니

우리 잠재의식 속에는 개인의 중요한 재능들이 잠자고 있습니다. 재능을 하나의 지니로 이해해도 좋습니다. 자신의 내면에 잠자는 알라딘의 램프가 여러 개 존재하고, 그중 현재 삶에 도움 되는 지니를 발굴하고 깨어나도록 하는 것은 매우 중요합니다. 우리가 잘 때 강한 희망을 품은 경우나 평상시 잠재의식에 소원을 강하게 심상할 때 내부의 잠자는 지니 중 중요한 재능과 연관된 지니가 깨어납니다. 이에 해당하는 두뇌의 부분도 활성화되어서 여러분은 전혀 다른 사람인 것처럼 새로운 재능을 일 속에서 구현합니다. 내부에 있는 여러 명의 지니가 우리의 재능과 연결되도록 필요한 지니를 활성화하는 방법을 아는 것은 중요합니다. 언어, 비즈니스, 추진력, 추리, 통찰, 영감, 직관 등 다양한 재능은 이러한 내부의 지니와 관계되고, 각각의 재능은 하나의 지니로 변환시켜서 생각해도 됩니다. 내재한 지니가 깨어나도록 하기 위한 다양한 방법은 다음과 같습니다.

소 · 원 · 을 · 들 · 어 · 주 · 는 · 지 · 니

자신의 목표와 희망을 정확하고 명쾌하고 간결하게 정리해서 항상 이미지로 심상한다. 머피 박사의 100가지 법칙을 매일 훈련한다. 잠자기 전에 자기가 풀고자 하는 문제를 강렬하게 심상하고 자신의 지니가 그것을 해결하도록 요청한다.

평상시에 자신이 활성화하고 싶은 다양한 재능과 잠재능력 중 가장 필요한 재능을 잘 수행하는 자신의 모습을 강렬하게 심상한다. 이런 훈련을 하게 되면 자신 안에 있는 능력 중 연관된 재능이 활성화되고, 연결된 지니가 깨어나서 자신의 재능이 점점 더 발전하도록 돕는다. 도깨비를 소환하듯 여러분 자신의 지니를 소환하는 간단한 '의식'을 하나 만드는 것도 좋다.

서머힐의 공동체에 작용하는 지니

서머힐처럼 자율적이고 아이들 스스로 자신의 자아와 지니를 찾아가는 환경을 본받아야 합니다. 억압하는 주입식 교육은 아이들을 망치는 지름길입니다. 아이의 꿈을 인도해주고 스스로 자신의 장점을 발휘하게 하면서 잘 인도해갈 때 지니들도 활성화되고, 아이들이 진정으로 원하는 삶과 재능이 활성화되어서 세상에 유익한 사람이 되는 것입니다. 이것이 진정한 교육입니다. 1960년에 미국에서 출간된『서머

힐』은 600여 개 대학에서 교재로 채택되며 베스트셀러가 됩니다. 자율적인 교육과 지혜로운 교사에 의한 지혜의 전달은 가장 이상적인 모습입니다.

■ 실 습

가장 이상적인 학교와 시스템과 그런 학교가 세상에 많이 퍼지는 것을 강렬히 심상한다. 자신의 지니에게 그런 학교에서 아이들을 돕는 모습을 심상한다.

앞으로의 학교와 시스템에 대해서 생각하고, 자신의 자녀와 다른 사람의 자녀들이 편안하게 공부하고, 진정한 발전과 성장을 이루는 것을 심상한다. 현실적으로 그러한 변화의 흐름이 세상에 일어나도록 자신이 직접 참여할 수 있는 일을 스스로 찾아서 한다.

지니 명상 9 – 영감을 불러오는 명상

· 좌뇌와 우뇌를 융합시키는 명상

· 전문가들의 역량을 활성화하는 명상

· 자신의 소명을 발견하게 하는 명상

· 행복한 부자를 만들어주는 명상

· 일에서 성공을 이루게 하는 명상

· 삶에 평화를 가져오게 하는 명상

· 보고 듣고 느끼는 것을 정확하게 수용하게 하는 명상

· 꿈을 실현하는 명상

· 자유로운 삶을 누리게 하는 명상

· 행운을 끌어오는 명상

· 장애를 돌파하는 명상

· 실패를 더 큰 성공으로 변화시키는 명상

소·원·을·들·어·주·는·도·깨·비

7. 자아실현을 완성하는 지니

왓 칭

자아실현을 도와주는 지니

자아의 신화를 완성해가는 지니

연금술사의 지니

자신을 영적으로 보호하는 지니

전쟁을 일으키는 지니

평화의 왕 멜기지덱의 지니

지혜의 왕 솔로몬이 사용했던 지니

자아실현을 완성하는 지니

왓 칭

우리는 우리 자신을 객관적으로 봄으로써 역량을 활성화하고 잠재된 재능과 천재성을 일깨울 수 있습니다. 정신세계사에서 출판한 『왓칭』은 다양한 실험을 통해서 주관적인 삶의 형태로 갈 때 우리가 갇히는 의식의 감옥과 그 부작용에 의해서 다양한 질병이 형성될 수 있음을 알렸습니다. 자신을 객관화하고 자신의 의식을 확장함에 따라 다양한 능력이 도출됩니다. 10년 이상 젊어지고 질병이 치유되는 기적 같은 현상이 일어납니다. 불행을 초래하는 사람들은 스스로를 가두어버리는 삶을 살기에 우울증과 자살이 일어납니다. 자신이 만든 우울한 지니와 부정적인 지니의 기운에 싸여서 살면 세상이 온통 침울하고 우울한 형태로 보이게 됩니다. 따라서 자신에 대해서 긍정적인 이미지를 만들고, 그 이미지의 지니를 강하게 심상하고 불러내

소·원·을·들·어·주·는·지·니

어 삶을 주도적으로 창조하는 경험을 체득하면 비로소 삶에 변화가 일어납니다. 이 책에는 우리가 주관적인 세계에 갇히게 되는 문제와 자신을 객관화하고 긍정적인 이미지로 변화시킴으로써 얻게 되는 좋은 사례들이 많이 나와 있습니다.

■ 실 습

> 주관적인 자신에 대한 분석을 시도한다. 자신의 장단점을 글로 정리한다. 장점의 이미지를 강화하고 그 이미지를 지니로 형상화한다. 그 지니를 통해서 자신의 단점을 지워버리고, 단점이 나타날 때마다 긍정적인 지니를 통해서 지운다. 장점이 구체적으로 드러나고 강해짐에 따라 자신의 삶과 환경에 어떤 변화가 일어나는지 살펴본다.

자아실현을 도와주는 지니

일반적으로 달성하기 쉽지않은 자아실현도 지니와 함께라면 보다 쉬워집니다. 자신을 신화 속의 존재처럼 변화시켜가는 것이 현시대에 우리가 해야 할 임무입니다. 우리는 지니를 최대한 정확하게 이해하고 잘 활용해야 합니다.

소·원·을·들·어·주·는·도·깨·비

■ 실 습

> 자신의 자아를 객관적으로 분석한다. 부족한 것이 무엇인지 적는다. 단점을 보완할 가장 이상적인 신화의 신을 선택한다.
>
> 그 신의 이미지를 지니로 심상한다. 지니와 일체화 감각을 키우고 점점 강하게 몰입하면서 자신의 단점에 변화가 일어나는지 살핀다. 장기간 진행하여 자신의 성격과 기질에 얼마나 변화가 일어났는가 관찰한다.

자아의 신화를 완성해가는 지니

파울로 코엘료의 『연금술사』에서 소원을 추구하는 자아, 자아를 실현하는 자아, 자아의 신화를 완성하는 자아의 세 가지 자아가 나옵니다. 우리는 그러한 자아를 달성해가는 여정이 가능하다는 것을 지니를 통해서 알게 되었고, 어떻게 달성해야 하는지도 이제는 윤곽이 잡히기 시작했습니다.

■ 실 습

> 이 책에 나오는 다양한 분야의 지니를 실습하고 운용하는 역량을 강화해가면서 연금술사의 세 가지 자아를 하나씩 체험한다. 심리학에서 말하는 자아실현과 사회적인 성공의 자아실현을 단계적으로 완성한다.

연금술사의 지니

3장에서 우리는 연금술에도, 순례의 길을 찾아가는 여정에도 지니가 작용함을 알았습니다. 순례하면서 점점 지혜의 눈이 열리고 세 가지 자아를 찾아가면서 연금술사가 되는 과정은 지니를 운용해서 우리가 발전하는 과정과 같습니다. 따라서 자신의 지니를 만드는 것은 연금술사가 되는 과정이기도 하고, 현실에서 원하는 삶을 창조해가는 과정과도 같습니다.

■ 실 습

> 연금술사에 나오는 주인공을 지니로 심상, 그 지니와 함께 연금술 여행을 마음속으로 떠나본다.

자신을 영적으로 보호하는 지니

여러분이 어떤 종교를 가지고 있든 진정으로 헌신하면 강력한 신성보호막이 만들어집니다. 가장 성스럽고 아름다운 보호의 지니입니다. 기독교는 천사 형태, 불교는 신장이나 보살 형태의 지니가 만들어져서 여러분을 보호합니다. 보호의 지니는 여러분이 위기에 처하면 여러분

의 내면에 암시적으로 경고합니다. 특히 자기 가족의 위기상황에서는 꿈에 지니가 상세하게 표현해서 우리가 위기에서 벗어나도록 해줍니다. 우리가 무엇을 생각하든 하나의 작은 지니를 만드는 것이고, 그 지니에게 집중하고 희망하는 시간이 많으면 많을수록 지니는 점점 강해져 우리 삶의 다양한 측면에서 돕는 역할을 하게 됩니다.

■ 실 습

> 자신을 보호하는 지니를 만든다. 자신과 가족을 동시에 보호하는 지니를 만든다. 자신이 잘 아는 사람이 모든 일에 있어서 잘 되도록 그 사람을 위한 지니를 만들어서 자주 심상하고 기도하는 시간을 가진다.

전쟁을 일으키는 지니

세상에 부정적인 일이 많이 일어나면 사람들의 마음이 팍팍해지면서 부정적인 상념과 감정이 넘쳐나 부정적인 지니들이 뭉쳐집니다. 이것은 거대한 괴물이 되고, 세계에 전운이 갑자기 증가하고, 결국 전쟁이 시작됩니다. 따라서 평상시 많은 사람이 세상을 밝게 하는 역할을 진행해서 나쁜 지니들이 뭉쳐지지 않게 하고, 사람들의 부정적인 감정과 생각의 지니를 잘게 쪼개어 소멸시키는게 필요합니다.

경제를 활성화하고 이타적인 일을 많이 해서 세상에 고통받는 사람들을 줄이고, 난민과 테러가 발생하지 않도록 정치·경제·문화·사회의 제반 시스템을 안정화해야 합니다. 국가적인 시스템에서 전 세계적인 시스템으로 안정화하여 세상에 고통받는 사람이 없도록 해야 부정적인 지니가 사그라지면서 전쟁의 기운도 사라집니다. 전쟁은 사람들의 행동으로 촉발되지만, 그러한 기운이 뭉쳐지고 하나가 되는 것은 부정적인 감정과 생각의 지니들이 갑자기 늘어날 때, 임계치를 넘으면서 폭발합니다. 티핑포인트와 셜드레이크 가설의 유형의 장은 긍정이든 부정이든 임계치를 넘으면 폭발합니다.

■ 실 습

> 전쟁을 차단하고 평화를 달성하는 강력한 지니의 모습을 심상, 전쟁을 일으키는 주요 당사자들에게 지니가 강하게 작용하면서 전쟁을 차단하는 심상을 해본다. 세상에 평화가 정착되고 모두가 행복하게 살아가는 황금시대를 심상하고 지니가 그러한 시대를 개척하는 것을 강하게 심상한다.

평화의 왕 멜기지덱의 지니

연금술사를 보면 평화의 왕 멜기지덱이 나옵니다. 고대에 평화의 기운과 지혜를 세상에 가져온 지혜의 왕이고, 고대 지혜의 진수가 전

달되어온 원천입니다. 세상에는 이렇게 전쟁의 초점이 만들어지듯이 평화의 초점도 존재하고, 세상의 부정적인 흐름에 대해서 항상 견제하고 균형을 유지하는 아주 중요한 역할을 하는 지혜의 존재들이 있습니다. 플라톤과 피타고라스도 이러한 역할을 수행했던 존재들로 알려져 있고, 피타고라스는 형이하학으로써의 학문뿐만 아니라 형이상학에 정통한 존재였습니다. 위대하고 유명한 존재들의 지니는 강대하고, 세상 사람들에게 평화와 지혜를 전달하는 중요한 임무를 수행합니다. 그래서 부정적인 사람들이 끊임없이 전쟁을 일으키려 하면 그 기운을 상쇄시키는 제반 노력을 기울이고, 전쟁이 일어나면 악에 대항해서 선이 이길 수 있도록 모든 노력을 동원합니다.

■ 실 습

> 세상의 평화를 가져오는 존재들이 많이 나타나고 드러나서 일을 잘 할 수 있도록 지니가 그러한 역할을 잘 수행하는 것을 강하게 심상한다. 세상이 밝아지도록 노력하는 만큼 자신의 일도 같이 잘되는 이치를 이해하고, 자기 일과 세상의 평화를 위해서 자신의 지니가 동시에 노력하는 것을 항상 같이 심상한다.
>
> 자기 일만 신경 쓰는 것과 세상의 일을 동시에 신경 쓰는 것의 차이를 관찰하면서 전자와 후자 중 어느 쪽이 더 행복을 느끼는지 객관적으로 느끼고 비교해본다. 자신의 삶이 실제로 같이 더 밝아지는지 살펴본다.

지혜의 왕 솔로몬이 사용하는 지니

역사적으로 유명한 솔로몬은 이러한 고대 지혜 체계에 연결된 왕으로서 지니에 대한 전문적인 마법서에 정통했던 인물입니다. 그는 지니로 아주 많은 일을 완성합니다. 특히 부정적이고 악한 지니들을 찾아 봉인하여 세상을 한층 밝게 변화시켰습니다. 아라비안나이트에서 어부가 호리병을 바다에서 건져 올린 다음 봉인된 뚜껑을 열자 지니가 나타나 자신을 죽이려고 합니다. 그러자 어부는 꾀를 내어서 지니에게 그렇게 거대한 몸이 어떻게 호리병 속에 있었느냐고 말하면서 다시 한번 들어가 보라고 합니다. 지니가 병에 들어가자마자 뚜껑을 닫아버립니다. 하나의 우화로 나오지만, 실제로 솔로몬 왕은 그 당시 세상에 만연한 부정적인 지니들을 모두 모아서 봉인합니다. 솔로몬 왕이 지혜를 운용하고 사용할 때는 지니를 사용했습니다. 그래서 많은 업적을 남길 수 있었고 막대한 부도 얻을 수 있었습니다.

"누가 별로 올라가는 인간의 영(영혼)과 땅속으로 들어가는 육체의 영(지니)을 아느냐?"

전도서에서

"나는 나의 위대한 도시들을 건설했다. 나는 위대한 보물들을 모았다. 그

러나 허영의 허영이다. 모든 것이 허영이다."

여기서 Hebeli를 허영으로 번역했으나, 실제로는 신의 신성한 영이
란 의미로 지니와도 연관이 있습니다. 다시 옮기면,

"나는 나의 위대한 도시들을 건설했다. 나는 위대한 보물들을 모았다. 그
러나 신성한 영의 영이 모든 것을 가능하게 했다. 모든 것은 신성한 영에 의
해서 이루어졌다."

지니에 대해서는 솔로몬 왕이 전문적으로 다루는 역량을 가지고
있었습니다.

■ 실 습

> 솔로몬은 지니에 대한 전문적인 지식과 지혜를 가진 왕이었고, 그러한
> 지혜를 바탕으로 세상의 부와 권력의 영광을 동시에 얻었다.
> 그렇다면 우리도 지니를 올바르게 이해하고 사용해서 삶의 여건에 변
> 화를 일으키고 발전적으로 성장할 수 있는지를 매일 관찰한다.
>
> 개인적인 소원을 지니에게 요청하고, 세상의 안정과 발전도 동시에 요
> 청해서 모든 사람이 함께 발전하는 것을 심상한다.
> 솔로몬 왕이 이룬 모든 것을 우리도 이루는 것이 가능한지 지니에 대
> 해서 자세히 연구하고 실천해서 현실의 삶에 적용한다.

지니 명상 10 – 일의 생산성을 증가시키는 명상

· 긴장하면 두뇌의 역량도 위축된다.

· 이완하면 두뇌가 확장되면서 업무 효율이 향상한다.

· 마음은 차분하되 의식은 명료하게 유지하는 것이 생
  산성을 증가시킨다.

· 문제와 일에 대해서 차분하게 집중하되 고요하고 안
  정된 마음으로 일에 임하는 것 자체도 명상이다.

· 눈을 감고 하는 명상이 있고
  일하면서 하는 명상이 있다.

8. 성공을 만드는 지니

각 음악에서 만들어지는 지니

두뇌의 역량을 키우는 지니

천재의 두뇌에 아이디어를 제공하는 지니

각 분야에서 최고가 되게 도와주는 지니

돈을 버는 것에 관여하는 지니

이상한 회사의 지니

성공하는 사람들에 작용하는 성공의 지니

잠재의식의 100가지 법칙의 지니를 사용해서 성공하기

베스트셀러 작가에 작용하는 지니

오프라 윈프리의 '운'에 작용하는 지니

성공을 만드는 지니

각 음악에서 만들어지는 지니

우리가 음악에 감동하는 만큼 에너지장이 형성되고 의식도 각성하면서 생각도 정묘해집니다. 결과적으로 감성과 지성이 정묘한 새로운 지니가 만들어집니다. 그래서 아이들에게 좋은 음악을 들려주면 지성과 감성이 풍부해지고 두뇌가 발달하게 됩니다.

육체는 운동을 통해서 근육이 발달합니다. 시, 음악, 예술 활동을 통해서 감성이 풍부해지면서 감성의 회로가 확장됩니다. 반도체의 용량과 회로의 조밀함은 반도체 칩의 속도와 업무 처리용량의 증가를 가져옵니다. 마찬가지로, 우리가 음악, 시, 예술을 통해서 감성이 풍부해지면 감성의 회로가 새로 만들어지면서 감성 회로가 확장됩니다. 이는 우뇌 회로가 확장되는 것과 같기에 창의성, 언어능력 등

우뇌의 능력이 확대됩니다. 마찬가지로 독서, 연구, 추리, 사유를 통해 지성 회로가 확장되면 좌뇌의 능력이 향상됩니다. 따라서 반도체처럼 우리 두뇌도 다양한 훈련을 통해서 역량을 증대시키는 것이 가능합니다. 이러한 좌, 우뇌 역량의 증대가 단순한 두뇌 능력의 향상으로 끝나는 것이 아니라 지니의 역량도 크게 하는 것이 되어 우리가 원하는 것을 창조하는 역량도 커집니다.

그러므로 예술 활동과 연구, 추리, 사유 등의 활동은 두뇌 능력을 키우는 것에 국한되는 것이 아니라 우리의 꿈을 설계하고 창조하는 역량도 키우는 것이 되고, 우리가 운용하는 지니의 역량도 당연히 커지는 결과를 만듭니다.

■ 실 습

> 좋아하는 음악을 크게 들어본다. 운율과 멜로디에 빠진다. 감성과 마음이 음악에 따라 반응하는 것을 관찰한다. 감동할 때마다 감성과 마음에 새로운 감성 회로와 안테나가 만들어지는 것을 감지한다. 자신의 지니에게 자신이 느낀 감성의 에너지 회로를 공유하고 서로의 공감대를 확장한다.
>
> 소원을 심상할 때 좋아하는 음악을 들으면서 진행하는 것과 듣지 않으면서 진행하는 것의 차이를 느껴본다. 소원에 따라서 독특한 음악을 하나씩 정해 연결하면서 성취의 차이를 관찰해본다.

두뇌의 역량을 키우는 지니

우뇌는 공간 감각, 직관 등에 작용합니다. 따라서 지니를 잘 활용하면 아이디어 도출, 직관, 통찰, 융합 과정을 지니가 효율적으로 수행하게 됩니다. 우뇌에 지니가 존재한다는 생각을 하다 보면 살아 움직이는 생명체처럼 감지되기도 합니다.

■ 실 습

> 두뇌의 역량은 상상력에 의해서 활성화되는 부분이 크다. 따라서 지니를 심상하고 자기 일을 돕는 것으로써 상상하는 것은 우뇌의 확장을 가속한다. 지니와 우뇌를 동시에 심상하고 하나로 융합시키는 이미지를 그려본다.

천재의 두뇌에 아이디어를 제공하는 지니

천재의 기준은 뛰어난 아이디어와 상상력, 그리고 문제해결 능력들로 간단하게 설명할 수 있습니다. 이는 우뇌도 발달해 있어야 하지만, 좌뇌의 역량도 훈련이 되어 있어야 합니다. 우뇌와 좌뇌의 융합 정도도 뛰어나야 천재가 됩니다. 우뇌가 활성화되면 풀고자 하는 문제에 대해서 슈퍼컴에 해당하는 지니가 가동되기 시작합니다. 두뇌 속에

지니를 인지하고 사용하면 우뇌와 좌뇌의 융합 과정도 더욱더 빨라집니다. 영화에서 인공지능 컴퓨터와 대화하는 것처럼 자신의 두뇌의 지니와 대화하면서 문제를 해결해나가게 되면 효율성이 증가합니다. 지니는 자신의 두뇌와 비슷한 방식으로 문제를 해결하는 다른 사람의 두뇌를 연결하고 아이디어를 병합해서 더욱더 좋은 방법과 함수를 찾아냅니다. 같은 문제를 해결하는 사람들이 많을수록 병합되는 두뇌의 수는 증가합니다.

■ **실 습**

> 우뇌의 상상력을 활성화하는 것과 현실적인 일을 처리하는 좌뇌의 역량을 동시에 훈련해야 한다. 우뇌의 아이디어는 현실적인 일을 처리하는 좌뇌의 활동이 증가할수록 증가한다. 따라서 상상력과 현실은 적절한 균형과 조화를 유지하는 것이 바람직하다. 목표를 설계할 때는 항상 현실성과 창의성을 극대화하는 구도로 진행하는 훈련을 한다.

각 분야에서 최고가 되게 도와주는 지니

각 분야의 최고가 되려면 행동과 실천에 더하여 자신의 지니를 강하게 키워야 합니다. 강하게 키운다는 것은 이미지 트레이닝과 심상화 훈련을 열심히 하는 것을 의미합니다. 상상력, 심상화, 이미지 트레이닝 등의 훈련을 꾸준하게 하여 지니가 점점 활성화될수록 두뇌도 활성화됩니다. 두뇌의 활성화는 자신의 분야에서 탁월한 아이디어와 통찰력을 발휘하게 되고, 그 분야에서 뛰어난 두뇌의 소유자가 된다는 것을 의미합니다. 우뇌의 심상 훈련과 결과로 떠오르는 아이디어를 현실에 실천하는 좌뇌의 추진력과 결단력도 동시에 겸비해야 가장 이상적입니다. 최고가 되는 과정은 우뇌와 좌뇌의 기능이 최고로 발휘되고, 우뇌와 좌뇌가 융합의 기능을 잘 수행하는 것을 말합니다. 이러한 융합에는 지니가 중요한 역할을 합니다.

■ 실 습

자신의 분야에서 최고가 된 자신의 모습을 심상한다. 자기를 도와주는 지니를 스케치북에 아주 정교한 형태로 스케치한다. 자신이 최고가 되도록 도와주는 지니의 모습을 동시에 같이 심상한다. 최고가 된 나의 모습을 심상하고 그림으로 그려서 나만의 공간에 아무도 모르게 보관한다.

돈을 버는 것에 관여하는 지니

다양한 일을 진행하면서 우리가 알아야 할 중요한 것은 지니의 활

용입니다. 부메랑의 법칙과 원인과 결과의 법칙에 따라서 우리가 생각하고 말한 모든 것은 하나의 지니로 변해서 세상으로 들어가 작용하고, 우리의 일을 도와주고 키워줄 사람들을 연결하면서 일을 진척시킵니다. 부정적이고 파괴적으로 생각하면 일의 흐름도 그러한 형태로 만들어집니다. 지니를 항상 긍정적으로 활용하고, 인내를 가지고 기회가 오길 기다리고 기회가 오면 긍정적이고 발전적인 구도로 키워나가는 훈련을 하시되, 이 과정에 지니가 중요한 역할을 한다는 것을 인지하고 자기 생각을 항상 긍정적으로 하도록 매일 훈련해야 합니다. 생각조차도 이렇게 조심스럽고 긍정적인 형태로 해야 하는데, 행동에서 사람들에게 신뢰를 주지 못하거나 의리를 깨는 행동을 하는 사람은 나쁜 지니가 연결되면서 삶이 힘들어지게 됩니다.

■ 실 습

돈에 대한 부정적인 감정과 생각을 머리와 마음속에서 지운다. 자신이 정한 가장 이상적인 지니를 하나 선정하고, 그 지니가 자신의 모든 일과 사업에서 원조하는 존재로써 인지하고 마음 속에서 느껴본다.

여러 가지 일이 잘되면 장기적으로 성공하기 위해 자신이 좋아하는 일을 정한다. 그 일이 지니를 통해 발전하는 모습을 심상한다.

돈을 불리는 가장 좋은 방법은 딸을 시집보내듯이 돈을 소중하게 사용하는 것

우리가 버는 돈도 생명력을 지니고 있기에 돈을 어떻게 버는가도 중요하지만, 어떻게 사용하는지도 상당히 중요합니다. 딸을 시집보내는 것처럼 아주 소중한 곳에 사용하면 돈은 효자 노릇을 톡톡히 하게 됩니다. 타인에게 해를 입히면서 벌었다면 돈이 상당히 무겁고 나쁘게 작용하기에 그 돈으로 어떤 일을 하더라도 힘들고 어렵습니다. 반대로 사람을 돕고 기쁨을 주는 일을 해서 번 돈은 좋은 에너지와 지니가 있어서 좋은 사람들과 연결되고 일의 추진 속도가 빨라집니다. 우리는 일, 생각, 돈 모든 것에 우리의 감정과 생각뿐만 아니라 우리가 만드는 모든 원인이 스며들기에 그에 관한 결과를 나중에 수확하게 됩니다. 좋은 감정과 관점을 가지고 임하는 것도 중요하고, 돈 버는 것도 좋은 일을 통해서 벌고, 돈을 사용할 때는 더더욱 좋은 일에 사용하면 삶이 밝아지고 더 많은 기회를 창조하게 됩니다. 올바르게 벌고 사용하면 부가 증가하는 속도는 빨라지고 모든 일이 날개를 단 것처럼 활성화되어 결과가 더 빠르게 나타납니다. 타인을 돕는 것은 결국 자신을 돕는 것이고, 나중에 자신에게 어려운 상황이 닥쳤을 때는 도와주는 사람이 항상 나타나 위기를 극복하게 됩니다.

자신이 좋아하는 일, 사람들에게 도움이 되는 일, 봉사와 관련된 일들의 리스트를 작성한다. 하루에 한 가지씩 작은 것이라도 실천해서 별도의 노트에 기록한다.

좋은 일을 통해서 들어온 돈은 자신의 꿈과 희망을 활성화하는 데 사용해서 돈의 에너지와 작용을 점점 배가시켜 간다. 결과적으로, 자신의 삶 속에서 일어나는 다양한 변화와 피드백을 감지하고 검증해본다.

소·원·을·들·어·주·는·도·깨·비

성공하는 사람들에 작용하는 성공의 지니

성공하는 사람과 실패하는 사람의 차이는 지니의 특성 차이입니다. 일을 시작할 때 실패할지도 모른다는 소극적인 마음을 가진 경우에는 그러한 지니가 연결되고, 반드시 성공하겠다는 마음을 먹은 사람은 성공과 관계된 지니가 소환됩니다. 모든 일을 진행할 때 시작 시점에 이미 성공과 실패가 어느 정도 정해지는데, 그에 따라서 지니가 연결됩니다. "모든 것은 마음먹기에 달렸다."라는 속담은 진실입니다. 우리가 마음먹는 정도에 따라서 지니가 만들어지고, 그러한 지니가 비슷한 다른 지니와 연결되면서 성공하는 사람들과 연결됩니다. 실패를 한두 번 경험하면서 그 인상이 마음에 새겨지면 계속 실패가 꼬

리를 물면서 일어나 자포자기하는 것도 이러한 이유 때문입니다. 목
표는 클수록 좋습니다. 그러므로 일을 시작할 때는 반드시 성공하겠
다는 마음가짐으로 임해야 합니다.

■ 실 습

> 삶에서 기쁨과 즐거움을 주었던 작은 사건들을 상세하게 적는다. 그러
> 한 성공의 느낌과 그 당시 감정을 떠올려 다시 체험해본다. 과거의 실패
> 는 새로운 가능성과 변화를 일으키는 자극제이자 촉진제임을 명상한다.
> 실패의 경험은 생각하지 말고 미래의 성공 경험을 이미지화해서 감정과
> 느낌으로 체험하는 시간을 가진다. 자신의 지니에게 이러한 모든 과정이
> 잘 진행될 수 있게 다양한 방법과 아이디어를 가져오도록 지시한다.

이상한 회사의 지니

세경북스의 『이상한 회사』는 메이난 제작소의 하세가와 최고 경영
자에 의해서 수십 년 동안 세상의 격변 속에서 단 한 번도 영향받지
않고 굳건하게 존속하고 있는 일본의 중소기업입니다. 이 기업은 물
리학 공식을 경영에 직접 적용한 이상한 회사입니다. 세상의 어떤 기
업보다도 직원만족도는 높고 지속해서 발전하고 있습니다. 생각과 감
정을 객관화시키고 공식으로 정리하여 적용하면 일사불란한 시스템

과 체계가 장착되어 에너지 누수와 손실 없이 경영과 재정, 그리고 판매 제반 영역에서 아주 긍정적이고 건전한 성장을 만들어낸다는 것을 알려줍니다.

여기에서 특히 주목할 부분은 사람들이 같은 원리를 같이 심상하고 적용해가면 회사의 공동 이미지이자 에너지인 지니가 만들어진다는 것입니다. 각 부문에서 생각하고 구상한 물리학 공식에 맞게 각각의 지니가 회사를 건전하게 성장시킨다는 것을 알게 됩니다. 수제 손목시계가 제 기능을 발휘하기 위해서는 수많은 톱니가 정확하게 맞물려야 하듯이, 기업 경영이라는 시계도 마찬가지입니다. 결론은 각각의 공식이 하나의 지니라는 톱니로 만들어지고, 각 지니는 사람들의 생각에 정교하게 맞물리면서 회사는 아주 안정적으로 발전하게 됩니다. 조직, 단체, 국가, 세계의 시스템도 이와 같습니다.

■ 실 습

평소에 삶의 목표를 정교하게 설계하고, 수면 직전과 기상시에는 지니가 그 목표를 일사불란하게 추진하는 것을 심상한다. 경영자는 정교한 플랜과 시스템을 설계하고 공식화해서 규칙적으로 교육하고 훈련하는 매뉴얼을 만들어 매년 더 정교한 구도로 만들어 나가고, 그것을 이미지로 심상화하는 훈련을 전체 직원에게 시행한다.

잠재의식의 100가지 법칙의 지니를 사용해서 성공하기

머피 박사의 지니 사용법 100가지 – 커피 한 잔으로 100억을 버는 사람들 – 1980년도 당시 대학생일 때 참으로 좋아했던 세 사람은 **마쓰시타 정경숙을 만든 마쓰시타 고노스케, 조셉 머피 박사, 멘탈 두뇌 공학의 맥스웰 말츠**입니다. 그중 머피 박사는 잠재의식을 활용하는 측면에서 참으로 대가다운 다양한 방법을 100가지 실제 사례 중심으로 정리해주었습니다. 우리는 평상시 잠재의식을 잘 활용하지 못하고 대부분 부정적인 형태로 사용합니다. 머피 박사는 잠재의식에 대해서 잠들기 직전과 잠깬 직후의 이완된 상태에서 자신의 소원을 간절히 심상하고 원하면 이루어진다고 말합니다. 현재의식에서 우리가 원하는 것을 지니로 변화시켜서 잠재의식에 전달하면 즉각 효력이 나타납니다. 지금까지는 꿈에 개인적인 인격이나 성격을 부여하지 않았지만, 소원의 특징과 성격에 따라서 개인적인 인성을 가진 존재로서 혼을 불어넣으면 훨씬 쉽게 형상화하고 작용하는 측면도 빠릅니다.

■ 실 습

> 머피 박사의 100가지 성공 법칙 책자를 구한다. 100가지 법칙을 하나씩 실습하되, 자신의 지니가 강하게 자신을 돕는 이미지를 심상하고 체험한다. 체험이 깊어지면서 일어나는 현실의 변화를 메모하고 가끔 다시 읽어보면서 자신의 내부에 일어난 변화와 현실에서 일어난 변화를 대조한다.

소 · 원 · 을 · 들 · 어 · 주 · 는 · 지 · 니

베스트셀러 작가에 작용하는 지니

사람은 꿈과 목표를 완성할 수 있는 지니를 소환합니다. 그래서 지니는 우리가 원하는 일을 매일매일 단계적으로 달성해갈 수 있도록 아이디어를 제공하고, 우리는 영감과 직관으로 감지하여 하나씩 실천하면서 우리가 원하는 것을 창조하고 만들어갑니다. 그래서 목표는 크고 웅대하고 이타적일수록 좋습니다. 우리가 가지는 목표에 따라서 지니에 필요한 에너지와 창조적인 역량의 차이가 생깁니다.

베스트셀러 작가가 후속작 계획을 세워두고 있다면 또 다른 지니가 연결되어서 일들이 진행됩니다. 그러나 다음을 생각하지 않는다면 흐름이 끊기고 말겠죠. 생각과 목표는 추상적인 것이 아니라 실제로 존재하고 에너지로써 뭉쳐지며, 결국 현실에 창조됩니다. 그래서 우리는 생각과 감정을 운용할 때 돈과 똑같이 절제와 겸손이 필요하고, 침묵이 금이라는 말의 진정한 이유와 의미를 좀 더 깊게 이해해야 합니다. 목표는 30년, 10년, 5년, 1년 단위로 세우고, 이미지로 심상하고 몰입해감에 따라 지니는 모든 측면에서 도움을 주기 시작합니다.

■ 실 습

글 쓰는 것을 좋아하거나 책을 만들고 싶은 사람은 자신이 쓸 글이나 책의 제목을 선정한다. 지니에게 원하는 책의 제목, 내용에 대한 아이디어를 매 순간 전달하도록 요청한다. 매일 틈틈이 떠오르는 아이디어를 정리한다. 베스트셀러가 되도록 지니에게 요청하고 떠오르는 아이디어들을 하나씩 실행에 옮기면서 베스트셀러가 가능하겠다는 느낌을 현실로 점점 구현시켜간다.

오프라 윈프리의 '운'에 작용하는 지니

"나는 준비가 기회를 만나는 것이 운이라고 생각한다."

좋은 지적입니다. 윈프리는 준비를 많이 한 사람이 기회가 오기를 준비하고 있다가 만나는 것을 운이라고 설명하는 것처럼 보입니다. 지금까지 공부한 것을 바탕으로, 준비과정은 대기과정이 아니라 적극적으로 운 자체를 만드는 과정이라는 것을 알게 되었습니다. 지니로 소원을 달성하는 징검다리에 해당하는 지혜, 아이디어를 제공하고 달성할 기회를 끌어당겨서 운을 스스로 가져온다는 개념이 더 정확하다고 보아야 합니다.

우리는 생각하고 심상하는 바에 따라 원인의 씨앗을 만들고, 씨앗이 자라면서 모습을 드러내는 것이 운입니다. 따라서 자신이 뿌린 씨앗을 거두어들이는 것이 '기회'임을 이해합시다. 오래전에 뿌렸든, 최근에 뿌렸든 적절한 토양에서 자라나 우리에게 주어지는 것이 '운'입니다. 원인과 결과의 법칙에 따라서 결과를 얻는 것입니다. 대운이 오는 것, 큰 기회가 오는 것은 꿈과 목표에 얼마나 에너지와 시간을 투입했느냐에 의해서 결정됩니다.

■ 실 습

> 원하는 삶과 목표를 명쾌하게 정리한다. 설계한 목적과 목표를 이미지화해서 항상 에너지를 부여한다. 지니에게 목표가 잘 달성되도록 적극적으로 도와주기를 요청한다. 결과로 다양한 기회와 운의 흐름이 다가오는 것을 감지하면서 하나씩 구체적으로 현실화한다.

9. 유명한 사람들이 사용하는 지니

9

유명한 사람들이 사용하는 지니

선박왕 오나시스가 사용한 공식

성공한 사람들의 역량을 자기 것으로 소화하는 것은 아주 중요합니다. 그래서 어린아이에게 위인전을 읽게 합니다. 위인들의 삶을 통해서 자신도 그러한 사람이 될 수 있다는 의지를 심어주기 위해서입니다.

선박왕 오나시스는 부자들이 모이는 카페에 가서 그들과 같이 생활하면서 그들이 성공한 비결을 온몸으로 체득합니다. 고대 지혜에서는 이와 비슷한 훈련을 통해서 다른 사람이 가진 장점과 능력을 단기간에 자신의 것으로 소화하는 내용이 있습니다. 이러한 방법은 아이러니하게도 이지성 작가가 부정했던 명상, 시크릿, 끌어당김의 법칙을 모두 하나로 합쳐놓은 것입니다. 이지성 작가는 오나시스가 사용한 방식을 단순한 상상으로 얻게 된 것이라 설명했습니다. 그러나 이 방법은

명상, 집중, 몰입의 훈련을 거친 이후에 터득하게 되는 동양의 훈련체계 중 가장 어려운 방법입니다. 일반적으로 이 훈련법은 호흡을 통해서 에너지를 몸에 축적하는 것으로 나오지만, 이면에 숨겨진 행법은 타인의 역량을 단기간에 자신의 것으로 만드는 것입니다. 오나시스와 기타 유명한 사람들의 성공방법을 자세히 살펴보면 태생적으로 이러한 훈련이 잘 되어 있거나 후천적으로 이러한 방법을 배워서 단기간에 큰 성공을 이루어낸 경우가 많습니다. 이러한 방법은 우리가 배우는 훈련들을 단계적으로 진행하면서 자세하게 설명하겠습니다.

한편 오나시스는 자기 이익을 위하여 그는 인간이 가진 잠재된 능력, 최면술을 사용합니다. 메스메리즘이란 용어로 시작된 최면술에는 자기력이라는 인간의 숨겨진 에너지가 사용됩니다. 우리의 생각은 자석처럼 작용하고, 이 생각이 강력해지면 이성을 끌어당기는 매력으로 작용합니다. 따라서 이성 간의 끌림과 결혼하는 과정에서 인간에 내재한 이 에너지가 작용합니다. 자기력은 시각장애인이 길을 걸어갈 때 장애물을 파악하는 레이더 역할을 하고, 이성에게는 강력한 매력으로써 발산되며, 최면술에서는 상대방을 최면에 빠지게 합니다. 생각은 자기력을 가지고 있어서 이성과 우리가 원하는 것을 끌어당깁니다. 자기력은 동문인쇄출판사『생체자기학』연구논문으로서 동의대 이상명 박사의 자료를 추천합니다.

자 여러분에게 숨겨진 비밀 세 가지를 말했습니다.

꿈이 잘 달성되지 않는 이유인 잠재의식에 부정적인 생각과 의미들을 저장하는 것을 차단하기 위한 관찰과 깨어 있음으로서의 관찰자(위파사나) 행법이 필요합니다. 그리고 꿈과 목표를 정확하게 발견하면서 우리가 직면할 여러 가지 어려운 문제를 빠르게 해결하는 능력으로써, 직관을 계발하고 훈련하는 것이 필요합니다. 원하는 것을 달성하도록 도와주는 인간에게 숨겨진 자석과 같은 힘으로써 메스메리즘이라는 용어의 이면에 존재하는 자기력이라는 에너지가 있고, 이 에너지는 우리의 생각이 집중될수록 강해져서 최면, 매력, 끌어당김 등을 일으킨다고 했습니다. 이러한 3가지 원리와 방법을 알면 꿈을 달성하는 게 얼마나 빠르고 효율적인가를 알게 됩니다. 지금까지 다양한 자기계발서를 볼 때 기대에 부풀었지만, 시간이 지나면 절망으로 바뀌기를 수도 없이 했을 겁니다. 저도 그러한 여정을 지나오면서 왜 안되는지 수없이 의문을 가지고 방법을 찾아왔기에 누구보다도 잘 압니다.

■ 실 습

> 두 손바닥을 마주하고 그사이에 자기력 공이 있다고 상상한다. 오른손에서 자석과 같은 자기력이 방사된다. 양 손가락 끝을 가까이하면서 전기와 같은 에너지의 실선이 방사되는 것을 느껴본다. 생각에 자장(磁場)이 작용해서 자신이 원하는 것을 끌어오는 것을 심상한다.

빌 게이츠의 지니

빌 게이츠의 의식 회로에서 가장 중요하게 디자인된 것은 "전 세계 사람의 책상에 컴퓨터를 하나씩 놓겠다."라는 것이었고, 그는 그 회로를 평상시 자신의 마음과 정신으로서 구상한 다음 에너지를 부여해서 현실화시켜 나갔습니다. 빌 게이츠의 지니는 아주 많은 숫자로 분화돼서 많은 사람에게 꿈과 희망을 불어넣고, 일을 활성화하고, 사람들을 연결하면서 꿈의 설계대로 펼쳐지도록 했습니다. 감성 회로와 지성 회로가 확장되면 될수록 큰일을 만들고 현실에 구현합니다. 따라서 목표와 꿈은 클수록 좋습니다. 설계하는 꿈의 회로가 자신과 사람들과 하늘을 모두 공감시키고 발전시키는 구도라면 가장 빠르게 성장할 수 있습니다. 이타적일수록 좋고 더 나아가 인류 전체를 크게 성장시키고 발전시키는 구도라면 더 좋습니다.

■ 실 습

> 빌 게이츠의 자서전을 읽어보고 어떻게 성공했는지 확인한다. 자신도 성공할 방법을 연구하고 핵심을 카드에 적어서 지니고 다닌다. 빌 게이츠보다 큰일을 하는 사람이 되도록 지니에게 요청한다. 수시로 빌 게이츠처럼 큰일을 하는 사람으로 자신을 심상하는 시간을 가진다.

스티븐 스필버그의 지니

영화만큼 사람들의 잠재의식에 긍정적으로, 그리고 부정적으로 영향을 주는 것은 별로 없습니다. 따라서 친구와 책을 잘 선별하듯 영화도 그렇게 해야 합니다. 우리의 잠재의식에 새겨진 영화는 짧게는 90일, 길게는 수년 이상 우리의 의식 속에 자리 잡고 우리의 삶을 영화의 이미지대로 작용시키기 때문이죠. 문제는 의식하든, 하지 않든 영화의 이미지는 잠재의식 속에서 우리의 삶에 그 이미지를 투사시켜서 삶의 일부분을 왜곡한다는 것입니다. 스필버그의 영화는 좋은 것도 있고 부정적인 것도 있습니다.

영화는 흥행이 가장 중요하기에 될 수 있으면 강한 인상을 심으려고 여러 가지 장면을 우리 잠재의식에 새기게 되는데, 부정적인 이미지가 지나치게 강하면 흥행할 수는 있으나, 사업이 활성화되고 발전되는 과정에 여러 가지 좋지않은 일들이 많이 발생합니다. 예를 들면, 1973년 엑소시스트는 흥행했지만, 촬영에 관계된 많은 사람이 죽었습니다. 조명감독은 촬영 중 떨어진 조명으로 사망, 주연 린다 블레어는 14살에 임신 후 마약중독, 막스폰 시도우는 형제가 사망해서 촬영이 중단되었고, 창밖으로 떨어져 죽는 장면 역을 맡은 잭 맥고런은 촬영 1주일 후 사망, 이슨 밀러의 아들은 오토바이 사고, 블래티의 룸메이트는 정신병원, 블래티의 비서 노니 사망, 세트장 화재 등 촬영에

관계된 많은 사람에게 불운이 닥칩니다.

이후 시리즈에서도 알 수 없는 불행은 계속됩니다. 엑소시스트2에서 리처드 버튼은 거듭된 사업실패에 알코올에 빠져 살다가 뇌출혈로 사망, 3편에서도 마찬가지로 알 수 없는 죽음과 불운의 그림자가 이어졌습니다.

영화를 만드는 사람은 좋은 영화를 만드는 것이 인류의 미래를 아름답게 디자인하는 역할을 한다는 사명감을 가져야 합니다. 부정적이고 좋지 않은 영화를 만드는 사람은 스스로 만든 부정적인 에너지 회로와 에너지장에 의해서 생겨난 좋지않은 결과에 책임을 져야 할 것입니다. 책, 영화, 음악을 신중하게 선택해야 하는 이유를 아시겠죠? 음악은 감성에, 영화는 감성과 지성 회로에 영향을 주어 평생 우리의 삶에 그 그림자를 은은히 새겨놓기에 신중하게 선별하고 좋은 것을 선택해야 합니다. 이야기가 옆으로 빠졌는데, 저도 스필버그의 작품을 좋아하는 사람으로서, 긍정적인 영화를 만드는 비율과 부정적인 영화를 만드는 비율이 서로 융합되면서 감독의 인생도 그렇게 짜여 간다고 말하고 싶습니다. 즉 사람들에게 좋고 긍정적인 영향을 주는 영화를 만들면 자신의 운명과 삶은 긍정적이고 좋은 흐름을 따라서 흘러가고, 반대면 부정적인 삶이 펼쳐진다는 것입니다.

■ 실 습

> 좋은 영화를 자주 보는 것은 잠재의식에 성공의 지니들을 만드는 것과 비슷하다. 따라서 좋은 음악, 영화, 책은 성공에서 아주 중요한 지니들로 변환된다는 것을 인지하고 작품을 감상할 시간을 항상 확보한다. 현실과 삶에서 일어나는 변화를 메모한다. 핸드폰으로 간단하면서 좋은 영화를 제작하는 실습을 해본다.

스필버그에 작용한 중요한 원리

스필버그는 꿈을 위해서 할리우드에 사무실을 내고 자신이 감독인 것처럼 행동하면서 자신과 비슷한 생각을 하는 사람을 만나기를 학수고대합니다. 그러다 어느 날 영화광을 만나서 제작비를 받아 영화를 제작합니다. 여기에서는 물리학의 공명 원리가 연계됩니다. 생각이 비슷한 사람이 같은 생각을 하면 공명하고, 결국 만나게 됩니다.

■ 실 습

> 만나고 싶은 사람을 강렬하게 심상하되, 길거리에서 우연히 만나서 서로가 좋아하는 느낌을 같이 공감하듯이 심상한다. 거리에서 우연히 만날 때까지 반복해서 심상한다.

손정의가 사용하는 지니

손정의는 상당히 강한 포스를 가진 사람으로서, 자기 목표의 이미지와 생각대로 삶을 창조해나가는 역량이 매우 강한 사람입니다. 정의롭고 이타적인 면이 많기에 일본 제일의 갑부가 되었습니다. 철강왕 카네기의 "나는 다른 사람에 비해서 좀 더 양심적으로 노력했을 뿐이다."라는 말처럼, 이타적이고 올바르게 사는 사람들은 대단한 부를 얻는 열쇠를 가진 사람입니다. 이기적인 사업 구도가 많은가, 아니면 이타적인 사업 구도가 많은가에 따라서 그 두 가지 비율이 섞이는 정도만큼 삶에 굴곡이 형성됩니다. 우리는 원인과 결과의 법칙, 카르마(업)의 법칙에 종속되기에 우리가 만드는 것이 긍정적인가, 부정적인가, 이기적인가, 이타적인가에 따라서 삶의 굴곡이 만들어집니다. 그래서 사업과 가업이 오래가기 위해서는 항상 사회와 사람들에게 수익의 1~10%를 공익을 위해 사용하는 것이 좋습니다. 그 비율이 더 높다면 사업의 활성화 정도는 더욱 빠르겠죠. 우리는 한 사람의 사업 흐름을 보면 그 사람이 나아갈 방향성과 얻게 되는 결과를 대략 유추할 수 있습니다. 이유는 수백만 부의 베스트셀러를 만든 제임스 알렌이 말한 바와 같이 원인과 결과의 우주 법칙이 작용하기 때문입니다.

■ 실 습

> 큰 성공을 하는 사업가들은 지니를 아주 잘 만들고 활용도 잘하는 사람들이다. 큰 목표를 설정할수록 큰 일을 하게 된다. 30년, 10년, 5년, 1년, 6개월, 3개월, 1개월, 매주 단위로 업무 플랜을 설정하고 명확하게 심상한다.
>
> 장기적인 목표와 단기적인 목표를 동시에 설정하고, 이미지로 강하게 심상하고 지니에게 이미지를 전달해서 달성하게 지시한다. 삶에서 중요한 변화가 일어날 때마다 메모하고, 그러한 변화를 일으키는 과정에 어떤 노력이 들어갔는지, 지니가 어떤 작용을 했는지 관찰한다.

에디슨의 지니

에디슨은 자신의 지니와 연결하기 위해서 현재의식과 잠재의식이 연결되는 순간인 비몽사몽의 상태를 유도합니다. 손에 쇠 구슬을 쥐고 이완하면서 자신의 지니가 아이디어를 가져오도록 기다리다가 잠에 빠지는 순간 쇠 구슬이 떨어지고, 그 소리에 놀라서 일어납니다. 에디슨은 이렇게 해서 자신의 지니를 활용해 발명을 하는 기염을 토해냅니다. 누구나 에디슨처럼 지니를 많이 활용한다면 괄목할 만한 성과를 많이 만들 수 있습니다.

■ 실 습

> 현실과 꿈의 중간상태를 경험하도록 잠자기 직전과 잠 깨기 직전의 의식 상태를 확인한다. 비몽사몽 상태에서 원하는 것을 심상하거나 지니에게 요청할 때, 결과가 더 빠르게 주어지는지를 실험한다. 꿈속에서 하늘을 날거나 물 위를 걷는 것이 가능하도록 잠들기 직전에 그러한 이미지를 심상한다.

베토벤의 지니

베토벤은 말년에 청각 장애가 발생하여 소리를 들을 수 없는 상황에 놓입니다. 그런데도 불후의 명곡을 만들어냅니다. 귀가 들리지 않는데 어떻게 작곡했을까요? 사람은 내부에 다양한 감각이 존재합니다. 평상시엔 오감에 의해서 닫혀 있습니다. 그러나 시각장애인이나 청각장애인은 또 다른 감각이 열립니다. 물리학에서 말하는 전자기력은 사람에게도 존재하고, 뇌파도 전기에너지가 작용하기에 맹인은 전자기파로 주변 물체를 감지합니다. 마찬가지로 귀가 들리지 않을 때는 또 다른 초감각이 열리고, 이러한 감각은 요정과 지니와 연계되면서 이미지와 심상으로써 음을 감지하거나 기타 감각으로 좀 더 정묘한 음악이 탄생하는 것도 가능해집니다. 시인, 작사가, 작곡가, 미술가, 조각각 등 예술활동하는 사람들은 이 감각을 통해서 생각의 회

소·원·을·들·어·주·는·도·깨·비

로와 감성 회로가 융합되면서 '오성'이 열려 비전이나 침묵의 목소리로 느끼면서 창작에 깊게 몰두합니다. 칙센트 미하이 교수가 말하는 사람이 집중과 몰입이 깊어지면 에너지장이 형성된다는 것이 바로 이것입니다. 이러한 에너지장은 전자기력과도 비슷하고, 에너지로 공명하는 에너지장이면서 우리가 원하는 것을 끌어당기는 자기력과도 비슷합니다.

■ 실 습

> 자신이 원하는 목표를 잘 설계하고 이미지화해서 집중하는 훈련을 한다. 집중이 강해지면 몰입해서 생각과 감정의 에너지 회로가 진동하는 것을 느껴본다. 집중과 몰입이 깊어질수록 생각과 감정의 회로가 확장된다. 확장된 회로를 통해서 지니와 더 잘 소통되고 아이디어가 잘 떠오른다.

레오나르도 다빈치의 다양한 지니

다빈치는 그림, 조각, 발명, 해부, 건축, 언어 등 다재다능한 사람이었습니다. 이러한 사람들은 혼자 생활하기를 좋아하고, 자기 내부의 지니와 대화하길 좋아합니다. 여러 분야의 재능 있는 사람은 지니가 많습니다. 분야별 지니가 존재하고, 재능을 활성화하면 할수록 지니와의 호흡도 긴밀해집니다.

■ 실 습

자신이 가장 좋아하고 잘하는 일을 지니가 도와주는 것을 심상하면서 일을 해본다. 자신이 한 번도 시도해보지 않은 분야 중 관심이 가는 분야를 정해서 그 분야의 전문가 정도의 실력을 달성해본다. 여러 분야에서 전문가가 되어가는 모습을 심상하면서 다양한 분야에서 전문적인 역량을 발휘해본다.

시간이 지날수록 자신의 역량이 증가하는 것을 경험하면서 다양한 역량을 가진 융합적인 인재로 자신을 변화시키자. 두뇌의 잠재력이 활성화되고, 두뇌의 다양한 영역에서 잠재된 자신의 능력이 활성화되는 것을 심상하고 느껴본다.

천재 수학자 라마누잔의 직관 두뇌를 활성화한 지니

문명을 상승시키는 지성 근육의 두뇌와 직관 근육 두뇌의 비교 관련 영화로서 현 문명의 전쟁을 종식하고 세상을 긍정적으로 발전시킬 정치·경제·문화·사회·종교·과학·철학·기술의 인재들의 필요성에 대한 중요한 화두로써 자세히 감상해볼 영화

천재 수학자 라마누잔의 실화– 무한대를 본 남자

지성 근육의 두뇌와 직관 근육의 두뇌의 차이는 니콜라 테슬라를 보면 확연히 이해할 수 있습니다. 테슬라가 수십 년 전에 발견하고 발명한 것을 아직도 후발 주자들이 따라가지 못하고 있고, 그 당시 발명한 것을 충분히 사용하지 못하고 있습니다. 1920년에 타계한 수학자 라마누잔은 32세에 폐결핵으로 죽었지만, 젊은 시절 그가 직관적으로 발견한 수학에 관한 연구 노트와 자료들이 약 100년이 지난 지금도 수학자들이 완전하게 이해 및 사용하지 못하고 있습니다. 영국 케임브리지 대학의 뛰어난 수학자 하디는 사장되어버릴 뻔한 라마누잔을 세상에 알렸습니다. 그는 누군가의 질문을 듣고 이렇게 답합니다.

"당신의 가장 중요한 업적은 무엇인가?"

"라마누잔을 발굴한 것이다."

테슬라와 라마누잔의 연구에서 그 사람들의 두뇌가 파악한 100년 전의 연구와 중요 메모들이 아직도 인류가 완전히 소화 못하는 것을 볼 때, 직관적인 통찰로 파악되는 지혜는 문명의 성장과 발전에 지대한 영향을 미친다는 사실을 알 수 있습니다. 영화에서 라마누잔은 신의 존재의 절대성을 강조하면서 직관적으로 수학의 원리들을 도출하고, 하디는 무신론자의 지성적인 두뇌로써 그 당시 사람들의 이해 수

준에 근접하도록 유도하면서 서로의 접점이 만들어지기 시작합니다.

유신론자의 직관적인 통찰과 무신론자의 지성적인 이해의 접점이 구축되는 과정이 좋았고, 무신론적인 두뇌의 한계와 유신론적인 두뇌의 한계 없음에 대한 차이도 좋았습니다. 그리고 객관적인 검증이 이루어지면서 그 당시 아주 비천한 사람으로 취급되던 인도인이 영국왕립협회의 회원으로서 천재적인 두뇌로 세상에 검증되기에 이릅니다. 『슬럼독 밀리어네어』의 데브 파텔과 『아카데미 남우주연상』 수상의 제레미 아이언스가 주연한 '무한대를 본 남자'는 "현시대는 지성 근육보다는 직관 근육의 두뇌가 아주 중요하고 필요하다."라는 측면에서 살펴보는 영화로 추천합니다.

■ 실 습

> 지니를 운용하고 활용하면 라마누잔처럼 될 수 있다. 하디는 일반 석학이고, 라마누잔은 지니를 활용한 석학인데, 그 두뇌의 운용과 활용의 차이는 너무나 크다. 따라서 각 분야에서 전문적인 역량을 발휘하기 위해서는 지니의 운용이 매우 중요하다. 자신의 분야에서 천재적인 역량을 발휘하는 자신의 이미지를 심상하고, 자신의 역량을 활성화하는 직관적인 통찰력에 자신의 지니가 도와주는 것을 심상한다. 스티븐슨 『보물섬』의 브라우닝 요정의 지니같이 운용해본다. 잠자기 직전에도 지니에게 전문적인 아이디어를 요청해보고, 평상시에도 이완하고 쉬면서 요청해본다.

소·원·을·들·어·주·는·도·깨·비

아인슈타인의 지니

상대성 이론은 처음에는 단순했지만, 명상과 묵상 등을 통해서 점점 다양한 측면으로 확장되면서 섬세한 이론으로 변화됩니다. 아인슈타인의 비서로서 지니가 존재하고, 오랜 기간 아인슈타인의 정신과 감정의 정밀한 회로들과 연결되어서 별도의 인공지능을 가진 회로로써 지니가 만들어집니다. 이 지니는 처음에 나온 상대성 이론을 확장하고 발전시켜나가는 데 필요한 아이디어를 아인슈타인의 두뇌에 불어넣었기에, 점점 더 구체화한 이론이 정립되었다고도 볼 수 있습니다.

■ **실 습**

> 자신의 목적, 목표, 논문, 문제 등에 아인슈타인의 방식처럼 계속 탐구하고 문제를 해결해나가는 과정에 대해서 심상한다. 이러한 문제를 해결하는 중요한 매개자이자 메신저인 지니를 항상 심상하고 문제를 해결하는 것을 요청하는 것을 습관화한다. 자신도 아인슈타인과 같이 될 수 있다고 심상한다. 위대한 인물 중 닮고 싶은 모델을 한 사람 정해서 그러한 사람이 되는 것을 심상하고, 지니에게 그것이 가능하도록 요청한다.

이순신의 불패 지니

사람의 감성과 지성이 발달하면 의식이 아주 투명해져서 사람들의 감정과 생각이 그대로 감지되는 단계에 도달합니다. 그래서 민감한 사람은 상대방의 감정과 생각을 그대로 읽습니다. 이순신 장군은 오랜 기간 자신을 단련해온 결과 상대방의 생각을 읽을 수 있었습니다. 소위 텔레파시죠. 두뇌에서 방사되는 전기적인 에너지 파동은 전자파처럼 방사되기에 이순신 장군은 적장의 생각을 감지하고, 대응하는 전략을 세우고 전쟁에 임했기에 항상 승리했습니다. 명량해전, 12척으로 적군의 배 300여 척을 격파한 것은 이러한 역량이 극대화되었던 시점이었다고 보입니다.

이러한 역량은 누구나 훈련하고 단련하면 가능합니다(고대 피라미드와 티베트의 오래된 사원에서는 이러한 텔레파시 형태의 통신이 자연스럽게 진행되었다고 합니다). 점점 이기는 횟수가 증가하면 할수록 멘탈 파워와 포스가 강해지기에 일본군은 이순신 이름만 들어도 벌벌 떨게 됩니다. 실제로 사람의 정신과 마음이 집중되면 강한 에너지와 포스가 먼 거리의 사람에게도 전달됩니다.

친구끼리 걸어가다가 같은 노래를 부르는 경우, 서로 생각이 나서 전화하는 경우, 자식에게 문제가 생기면 감지하고 전화하는 부모 등

소·원·을·들·어·주·는·도·깨·비

우리는 수시로 하고 있습니다. 텔레파시를 보내는 사람은 미간에 집중하고, 수신하는 사람은 눈을 감고, 머리 정중앙의 잠재의식에서 수신하는 실험을 해보면 텔레파시가 가능하다는 것을 알게 됩니다. 이순신은 적장의 생각을 읽고, 적에게 공포를 일으키고, 필승 전략과 전술을 만들어서 자신의 지니를 효율적으로 운용했습니다. 따라서 제 2의 이순신 같은 문무를 겸비한 사람들이 앞으로 한국에 많이 나오는 것이 한국을 비약적으로 성장 발전시키는 길이 됩니다. 지니를 알고, 이해하고, 사용하는 법을 체득하는 게 얼마나 중요한지 수없이 반복해도 부족합니다.

■ 실 습

이순신과 같은 위인들의 역량을 닮은 지니의 모습을 심상한다. 그 지니와 자신을 하나로 중첩해 자신도 이순신 같은 존재로 변화되어가는 모습을 심상한다. 이순신 장군 같은 직관과 통찰력을 키우는 훈련을 다양하게 시도한다.

자신과 타인의 생각은 실처럼 연결되어 있기에 우리가 집중하는 사람에 따라서 자기력선이 매번 다르게 연결되는 것을 감지한다. 우리가 직면한 문제나 소원을 풀어줄 해답이 존재하고, 그 해답을 지니가 찾아서 우리에게 전달하는 것을 느끼면서 직관을 활성화한다. 이러한 체험이 쌓여 가면서 점점 직관이 정교하게 활성화되고, 지니와의 연결도 더 잘되면서 우리가 추진하는 일의 흐름이 점차 빨라진다.

제갈공명의 전략적인 지니

제갈공명도 적의 생각을 읽고 전략을 세우는 능력이 탁월했습니다. 특히 맹획을 7번 잡고 놓아주는 과정은 제갈공명의 지략과 생각을 읽는 정도가 가히 신의 경지에까지 이르렀다고 할 정도입니다. 그 외에 다양한 전투에서 제갈공명은 항상 상대방보다 2~3수를 먼저 내다보고 전략을 세웠기에 자신이 죽은 다음에도 사마의를 속이고 승리합니다. 삼국지에서 독특한 기질을 가진 장수들이 많이 나오는데, 상황 속에서 그들의 지니가 번쩍이면서 각기 구실을 합니다. 전략과 전술을 짜는 책사들은 서로 속이면서 전쟁을 수행합니다. 머리가 비상하고 민감하며 예리한 통찰력을 가진 사람들은 상대방 지니를 간파하고, 자신의 지니를 강하게 작용시키는 역량이 두드러집니다.

핵심은 사람의 생각과 감정은 회로로써 펼쳐지고, 민감한 사람은 그것을 읽을 수 있으며, 자신의 감정과 생각을 훈련해온 사람은 자신의 회로를 정교하고 세밀하게 설계해서 상대방보다 더 우위에서 영향을 미치며 경쟁에서 이긴다는 것입니다. 그러므로 우리는 감정을 다스리고, 생각을 가다듬고, 생각의 회로를 정밀하게 설계해 많은 사람에게 영향을 미치고 그들을 인도해야 합니다. 그래서 진정으로 생각하는 법을 배우고 자기 생각과 마음의 회로를 정교하게 디자인해나가는 훈련을 하는 것이 필요합니다. 즉 많은 책을 읽고, 곰곰이 사

유하고, 책 속의 삶의 지혜를 소화해가는 것은 추상적인 것이 아니라 실제적인 역량을 키우는 것입니다.

두뇌의 발전에 의해 현실적인 역량에서 타인보다 우위에 서 있게 된다는 것을 알았으니 자신을 갈고 닦는 것을 게을리해서는 안 됩니다. 이렇게 포스도 강해지고 상대방의 마음을 읽고 이해하고 리드하는 역량도 커집니다. 제갈공명은 굉장히 다양한 분야에서 탁월한 실력을 발휘했습니다.

■ 실 습

제갈공명을 지니로 심상해서 그 지니와 함께 삼국지 불패 신화를 체험한다. 자신의 자아와 성격에서 일어나는 다양한 변화를 관찰한다. 제갈공명의 두뇌와 역량은 생각과 감성의 회로를 활성화하고 확장하는 과정에서 만들어진다. 평상시에 다양한 학문에 대한 깊은 사유와 연구는 통찰력과 직관을 확장하는 회로를 활성화한다. 두뇌 회로가 확장되면 다른 사람보다 더 깊이 통찰하고 앞을 예측하는 눈이 열린다.

제갈공명과 같은 뛰어난 존재가 되기 위해서는 그 사람의 자질과 활동을 연구하고 모델로서 받아들여야 한다. 먼저 제갈공명의 뛰어난 역량을 이미지화하고, 그러한 역량을 달성하는 자신의 모습을 심상한다. 자신의 지니가 그러한 역량이 활성화되도록 돕는 역할을 하는 것을 상상해본다.

10. 예지와 예언을 일으키는 지니

보물섬의 스토리를 스티븐슨에게 가져다 준 브라우닝의 지니

해리포터의 스토리를 가져다 준 지니

에드가 케이시의 미래 예지를 알려준 지니

자각몽에 대해서

예지와 예언이 작용하는 방식

제7의 감각 전략적 직관

원인과 결과의 법칙에 대한 정교한 설명과 사례

생각과 이미지는 우리가 원하는 것을 창조하는가?

예지와 예언을 일으키는 지니

보물섬의 스토리를 스티븐슨에게 가져다 준 브라우닝의 지니

스티븐슨은 밤에 잠들기 전에 소설의 줄거리를 브라우닝이라는 요정들에게 부탁했습니다. 브라우닝은 좋은 줄거리를 찾아 스티븐슨의 잠재의식에 전달해서 꿈의 형태로 경험하게 해줍니다. 다음 날 아침 꿈에서 경험했던 것을 글로 적어 소설을 완성하는 식으로 여러 가지 소설을 발표합니다. 스티븐슨의 보물섬, 조앤 롤링의 해리포터, 케쿨레의 벤젠의 화학식 발견 등은 지니를 통해서 우리의 잠재의식이 우리가 원하는 정보를 찾아내는 과정들에 관한 좋은 사례입니다.

■ 실 습

자신의 요정과 브라우니를 하나의 스케치북에 그려서 강렬하게 심상한다. 자신이 직면한 문제나 가장 원하는 소원을 한 가지 정한 후, 자신의 요정에게 해답을 찾아오도록 지시하고 잔다. 아침에 자신의 꿈을 살펴보면서 해답이나 힌트, 암시가 주어졌는지 살펴보고 메모한다. 매일 모든 꿈을 메모하면서 해답이 도출되는지를 객관적으로 살펴본다.

해리포터의 스토리를 가져다 준 지니

누구나 절실히 원할 때, 지니는 강력하게 형성되어 소원을 들어주기 위해서 어떠한 정보라도 찾아냅니다. 해리포터는 많은 사람이 절실하게 원하는 정보이기도 합니다. 시대가 바뀌고 의식의 변화와 문명과 문화의 흐름이 빨라지면서 사람들의 내면에는 과거 한때 인류가 사용했던 다양한 정신 능력과 관계된 방법론에 대한 갈망이 있습니다. 그러한 인류의 희망과 작가의 염원이 맞물리면서 해리포터가 등장했습니다.

■ 실 습

자신이 원하는 삶이나 원하는 소설 장르를 하나 정한다. 원하는 삶이 꿈속에서 펼쳐지도록 지니에게 요청한다. 꿈속에서 경험하거나 떠오른 장면들을 책으로 만들어본다.

소·원·을·들·어·주·는·도·깨·비

에드가 케이시에게 미래를 예지해준 지니

에드가 케이시는 잠자는 예언자이자 치유가로서 명성이 높은 사람이었습니다. 미래를 예지하고 많은 사람의 질병 원인을 정확하게 찾아내고 치유방법을 명쾌하게 알려주었습니다. 이 사람만큼 지니를 잘 활용하고 많은 사람에게 도움을 준 사람은 극히 드뭅니다. 비몽사몽 상태나 잠이 든 상태에서, 자신의 잠재의식과 지니와 연계되어 중요한 정보와 치유법을 발견하고, 더 나아가 인류가 직면할 여러 가지 위협과 문제를 예지하면서 해결해 나간 인물입니다. 잠자는 예언자로서 14,000건의 리딩을 통해서 모든 자료가 문서로 만들어져 있고 질병, 과학, 재해, 사회 제반 분야에 대한 예지 자료들로써 상당히 정확하고 유용하다는 평가를 받고 있습니다. 그는 천사의 도움으로 이런 많은 일을 했는데, 천사, 요정, 데바 등 다양한 존재를 우리는 지니라는 용어로 통일합니다. 눈에 보이지 않지만, 실제로 도움을 주는 실체들을 지니라는 용어와 이름으로 통일하는 것이 이해에 도움이 되고, 그러한 존재들에 대한 자세한 설명은 별도의 전문적인 자료에서 언급하겠습니다.

> 자신이 진정 무엇을 원하는지 자주 생각한다. 지금 하고 있는 일을 점
> 차 원하는 일로 변화시켜가도록 한다. 자신의 소명이 무엇인지를 진지하
> 게 성찰하고 검토한다. 미션이 드러나기 시작하면 지니에게 달성 가능하
> 도록 지시한다. 자신의 평생 미션들이 성취되면서 자신이 크게 변화되어
> 가는 것을 느껴본다.

자각몽에 대해서

원하는 것을 구현하는 4가지 방법이 있습니다.

깨어 있을 때, 이미지로 강렬하게 심상하는 것
명상 상태로 편안하게 심상하는 것
원하는 대상으로 하나가 되는 몰입 기법으로 심상하는 것
잠자면서 구체화하는 것

벤젠의 화학 구조식은 3개월 이상 집중하고 몰입해도 풀리지 않다
가 꿈속에서 바로 해결되었습니다. 우리도 낮에는 풀리지 않던 문제
가 잠자면서 해결되는 경험을 많이 해봤습니다. C. 카스타네다의 『돈
후앙의 가르침』이라는 책에는 인디언들 사이에서 꿈으로 문제를 해

소·원·을·들·어·주·는·도·깨·비

결하는 내용이 자세히 나오고, 근대에 돈후앙의 저서『자각몽 또 다른 현실의 문』에 상세한 내용이 나옵니다. 좀 더 객관적으로 서양인의 관점에서 티베트와 서양의 객관적인 검증 구도로 잘 만들어진 책은 인디고 블루의『꿈: 내가 원하는 대로 꾸기』입니다. 꿈에서 자신을 자각하고 나아가서 자신이 원하는 꿈을 마음대로 꾸는 단계가 되면 시크릿을 꿈속에서 구현하게 되는데, 이때 현실에서 시크릿을 구현하는 속도가 아주 빨라집니다. 인터넷에서 정보를 검색하듯이 현실에서 생각으로 원하는 정보를 끌어당기는 게 가능합니다.

◼ 실 습

꿈에서 시크릿을 마음대로 구현하는 과정을 세밀하게 진행한다. 하늘을 날거나 물 위를 걷거나 하는 것처럼 꿈을 의도적으로 만든다. 잠들기 전에 시크릿을 강렬하게 가슴에 새기는 것을 습관화한다.

예지와 예언이 작용하는 방식

예지와 예언은 사람들의 생각과 상념이 뭉쳐지면서 만들어지는 미래의 이미지와 장면을 가장 잘 감지하는 지니들에 의해서 전달되는 것입니다. 모든 사람의 생각은 잠재의식 속에 저장되어 있다가 적절

한 시점에 나와서 현실에 반영됩니다. 지니와 대화할 수 있는 사람들은 지니가 미리 감지한 미래를 압니다. 평상시 자기 생각과 타인의 생각을 잘 살펴보고, 좋은 생각과 좋은 일을 상상하고 바라는 사람은 정묘한 지니들과 교류하는 것이 가능해져서 예지와 예언을 할 수 있습니다. 많은 사람과 함께 있거나 평상시 자신만의 시간을 잘 가지지 못하는 사람은 이러한 감각이 무뎌져서 지니들의 생각을 느끼지 못합니다. 그러나 혼자 있는 시간이 늘어나고 명상, 침묵을 습관화하면 내면의 소리를 듣기 시작합니다. 육감, 영감, 직관이 발달합니다. 지니와의 교류도 활발해지기에 자신이 원하는 것을 구현하고 창조하는 역량이 커집니다.

■ 실 습

자신이 당면한 가장 중요한 일이나 문제를 하나 정한다. 지니에게 그 일들이 앞으로 어떻게 흘러갈 것인지 자세히 알려달라고 요청한다.

마음과 몸을 편하게 이완시키고, 눈을 감고 누워서 미래에 전개될 흐름을 이미지로 심상화해 본다. 느껴진 이미지 중 긍정적인 것은 메모한 후 에너지를 부여한다. 부정적인 이미지는 머리와 마음에서 지우고 긍정적인 이미지에 더 집중한다.

제7의 감각 전략적 직관

2010년 7월 2일자 매일경제에서 직관을 특집으로 다루었습니다. 그중 특이한 것은 외국의 석학이 동양의 석학보다 훨씬 더 정교하게 직관을 연구했다는 점입니다. 윌리엄 더건 교수는 탁월한 시야를 가지고 고전 자료들과 다양한 사례를 통해서 직관에 대한 종합적인 조망과 아울러 직관이 존재함을 피력했습니다. 나폴레옹, 이순신, 제갈공명 같은 위인이 승리할 수 있었던 이유가 직관입니다. 동양의 다양한 수행체계인 명상, 참선, 위파사나 등은 우리 내면에 존재하는 초감각적 지각 능력인 직관을 훈련하는 아주 이상적인 훈련시스템입니다.

직관 계발의 이점은, 시크릿을 이미지로 심상하고 구체화할 때 정교한 아이디어와 구체적인 실행지침이 두뇌에 떠오르게 되는데, 이러한 아이디어는 기회를 포착할 중요한 지침입니다.

시크릿을 현실에 구현하는 과정은 내면에 우리가 원하는 이미지와 매트릭스를 설계해서 우주에 설계도면을 보내는 과정이고, 우주는 그에 대한 대답을 우주 전체의 컴퓨터에서 찾아 아이디어와 실행지침으로 우리에게 전달합니다. 그러나 이러한 지침을 수용하지 못하거나 감지하지 못하면 시크릿을 구현하는 기회를 포착하지 못하기에 또다시 기회가 올 때까지 기다리는 데 많은 시간 낭비가 발생합니다. 『성공을 부르는 비

즈니스 직관』과 『직관의 테크닉』을 저술한 로라 데이는 이러한 직관을
실제적인 비즈니스에 사용하는 법을 아주 잘 정리해두었습니다.

직관을 경영에 접목시킨 『직관의 경영』은 다마멘탈비즈니스 연구
소에서 출간된 자료로, 기업 경영은 보이는 형태의 경영보다는 보이
지 않는 부분에 대한 직관의 필수성을 강조합니다. 또 다른 직관 전
문서적은 린 A. 로빈슨의 『직관이 답이다』로서 직관에 대한 통찰적인
체험들을 잘 기술했습니다. 심리학, 정신의학, 철학을 전공한 엘프리
다 뮐러-카인츠의 『직관의 힘』은 직관이 구체적으로 무엇이며, 우리
의 정신과 감정을 어떻게 훈련하면서 나타나는가의 원리적인 통찰이
우수한 책입니다. 직관을 다중 지능 중의 하나인 직관 지능으로 표현
하는데, 상당히 동감하는 개념입니다.

하워드 가드너의 다중이론은 서울대 문용린 교수의 『지력 혁명』에
서 자세하게 설명됩니다. 직관 지능을 세분화해서 나눈 것이 다중 지
능이라는 개념으로 이해하시면 원리적으로 모든 것을 이해하고 풀어
가는 데에 도움이 됩니다.

동양적인 수행 체계는 시크릿 달성의 중요한 도구입니다. 아사나는
명상에 깊게 들어가도록 우리의 몸에 존재하는 의식을 확장합니다.
꿈을 달성하기 위한 명상을 진행하면 효과적인 아이디어들이 떠오릅

니다. 그러한 아이디어에 더욱 몰입하면 좀 더 예리한 통찰력이 열리고 이를 직관이라고 합니다. 시크릿을 효율적으로 달성하는 여정에서 잠재의식에 긍정적인 이미지와 생각을 스며들게 하는 것이 첫째로 중요하고, 두 번째는 원하는 것을 두뇌 속으로 침투시키는 직관이 필요합니다. 이 두 가지의 도구가 준비되면 우리는 꿈을 달성하는 속도를 최소한 10배 이상 가속할 수 있습니다. 명상과 몰입, 직관은 계속해서 부연 설명할 것이니 단계적으로 알아보도록 하겠습니다.

■ 실 습

요가의 아사나를 통해서 명상에 들어가기 위한 준비를 한다.
- 기본 아사나 3가지 정도를 하루 10분 정도 꾸준히 한다.

명상의 기초 과정 실습
- 자기 생각과 감정을 자신과 분리해서 바라본다.

몰입에 대한 전문적인 훈련
- 몰입하고자 하는 대상을 하나 정하고, 자신을 잊어버린 상태에서 몰입하는 대상의 특징을 심상하고 녹아 들어간다.

직관의 중요한 기법 실습
- 문제에 직면하면 문제의 핵심에 대해서 집중하여 실마리를 잡아낸다. 실습이 시크릿의 구현 속도를 빠르게 증가시켜줌을 실제로 검증한다.

원인과 결과의 법칙에 대한 정교한 설명과 사례

"콩 심은 데 콩 나고 팥 심은 데 팥 난다."라는 속담은 원인과 결과의 법칙에 대한 정확한 예입니다. 원인과 결과의 법칙을 평생 연구하고 책으로 만들어서 전 세계 사람들에게 무상으로 공급한 '제임스 알렌'의 글은 이지성 작가의 책을 통해서 다음과 같이 알려져 있습니다.

1. 꿈을 이루는 법을 탐구하기 위해 화려한 성공을 보장하는 직업을 버렸고, 10년 넘게 정진해서 비법을 발견하고 그것을 무상으로 세상에 나누어주고 죽은 사람이며,

2. 40여 년에 걸쳐 3,000만 명 이상이 시험한 결과 "당신이 하는 말은 옳다."고 인정받았으며,

3. 내 말에 이의가 있는 사람은 언제든 연락하라며 자신의 주소, 홈페이지를 공개했으며,

4. 자신의 신념을 30여 년간 실천해서 놀라운 결과를 얻고, 그 신념을 세계 20개국 100만 명에게 가르쳐서 그들이 놀라운 결과를 얻게 했습니다.

제임스 알렌은 1864년 영국에서 태어났습니다. 그의 책은 1,000만

부 이상 팔렸습니다. 원인과 결과의 법칙은 형이상학의 중요한 법칙이고, 물리학의 모든 법칙의 바탕을 이룹니다. 또한 동양종교의 카르마(업) 사상과 권선징악 사상에 대한 정확한 논리적인 바탕이기도 합니다. 시크릿 과정에서 원인과 결과의 법칙이 존재하지 않는다면, 자기계발서의 책을 통해서 수많은 사람이 이루었던 모든 성공은 모두가 거짓이라는 말이 됩니다. 우리가 마음으로 이미지를 강렬하게 심상해서 우주에 씨앗을 심으면, 그 씨앗이 자라나서 우리가 원하는 형태로 현실에 나타납니다. 생각과 감정으로 정교한 설계도를 만들면 씨앗이 발아하는 것과 같은 방식으로 우리가 원하는 것이 구현됩니다. 구현하는 과정이 비효율적이고 즉각 되지 않는 것은 우리가 이전에 반대되는 원인의 씨앗을 뿌렸기 때문이며, 그것을 상쇄해야 하기에 시간이 걸리는 것입니다.

■ 실 습

우리가 행하는 모든 시크릿은 씨앗이라는 것을 주지하고 명확한 그림이나 용어로 정리한다. 씨앗이 자라나는 것을 수시로 확인하고 검증한다. 30년, 10년, 5년, 1년, 6개월, 1개월, 일주일 단위로 플랜을 세세히 짜서 구체화한다.

원인과 결과의 법칙은 형이상학의 원리와 법칙 중 가장 중요하고 기본적인 법칙입니다. 동서양의 모든 속담의 근간을 이루는 것이기도 합니다. 자 여기에서 우리는 생각과 이미지를 결합하여 잠시 생각해보도록 하겠습니다.

생각과 이미지는 우리가 원하는 것을 창조하는가?

『상념체』 책에서 생각은 형태와 에너지를 가진다고 했습니다.

『물은 답을 알고 있다』에서 우리가 물에 대해서 가지는 생각과 감정에 따라서 물은 다양한 형상으로 나타납니다. 우리의 생각은 모든 사물과 사람에게 작용합니다. 물리학의 공명과 파동 작용도 우리의 생각에 따라서 일어납니다. 시크릿의 중요한 핵심이자 시작은 바로 이 생각입니다. 원인과 결과의 법칙을 저술한 알렌의 책들은 바로 이 생각에서 모든 원인이 발생한다고 합니다. 시크릿에 확신을 두고 지속적인 집중과 에너지를 부여해야 합니다. 생각의 법칙은 시크릿, 원인과 결과의 법칙, 파동경영, 마음의 시계, 100마리째 원숭이 현상, 현실화된 영화 등 모든 주제에 대한 열쇠입니다. 이성에게 계속 차인 사람에게 기막힌 이성이 다가와 사랑을 고백하는 현상도 자신이 원하는 이성의 세세한 특질을 심상해서 에너지를 부여한 결과입니다. 따라서 우리가 원하는 꿈은 클수록 좋고, 일관성과 지속적인 관심을 주어야 합니다. 일본에서는 이러한 생각이 경영에도 직접 작용한다는 것을 연구했고, 매일경제신문사 『파동경영』에 소개된 적이 있습니다.

■ 실 습

> 평생소원이나 희망을 가슴에 품고 강렬하게 심상한 후 꿈에 어떤 변화가 일어나는지 실험해본다.

11. 초능력을 일으키는 지니

마음이 다루는 생체시계를 거꾸로 돌리기

정신적인 질환을 일으키는 지니

최면술에 작용하는 지니

쓰기의 마법에 대해서

매트릭스 영화의 매직 그물을 창조하는 지니

대제사장의 12보석에 작용하는 지니

수백 가지의 보석에 각각 존재하는 지니

핀드혼의 기적을 만든 지니

부적에 작용하는 지니

징크스에 작용하는 부정적인 지니

초능력을 일으키는 지니

마음이 다루는 생체시계를 거꾸로 돌리기

우리의 노화는 사회의 고정관념과 생각에 상당한 영향을 받습니다. 그러나 과거 젊었을 때의 환경으로 새로이 세팅해주면 심리적으로 젊어지기 시작하고, 결국 몸도 젊어집니다. 이는 마음의 시계라는 제목으로 사이언스북스에서 출간되었고, 알렌 랭어라는 하버드 대학교의 심리학 교수가 실험하였습니다.

1979년, 외국의 어느 시골 수도원에 있는 70~80대 노인 8명을 대상으로 2가지 미션을 주었다. 첫째는 20년 전인 1959년처럼 이야기할 것, 둘째는 집안 일은 직접 할 것이었다. 노인들은 일주일 동안 1959년에 일어난 일들을 현재의 일처럼 말하고, 당시 개봉한 영화와 텔레비전을 시청하면서 집안일을 직접 하며 보냈다. 그러자 일주일 뒤

놀라운 일이 일어났다. 8명 모두 신체 나이가 50대 수준으로 향상된 것이다.

    1979년 외딴 시골 마을에서 70~80 노인을 상대로 한 이 혁신적인 실험은 다양한 상을 받았으며, 알렌은 하버드 대학교의 종신 교수직에 임명되었습니다. 몸이 마음에 따라서 빨리 늙기도 하고, 젊어지기도 한다는 아주 중요한 실험입니다. 벤저민 버튼의 '시간은 거꾸로 간다'에서 브래드 피트는 노인으로 태어나 점점 젊은이로 변화되어갑니다. 정신세계사 『왓칭』 책에서도 랭어의 실험은 중요한 이슈로 소개되었습니다. 시크릿을 구현하는 여정에서 우리는 노화를 지연시키고 몸 상태를 최선으로 변화시키는 것이 가능합니다. 약으로 건강을 유지하기보다는 강렬한 심상과 이미지로써 젊음을 유지하는 것이 가능합니다. 단지, 우리가 가지는 이미지 때문에 나이가 들어간다면, 우리의 나이가 70대라고 하더라도 40대의 이미지를 유지하면 젊음을 유지하는 것이 가능합니다. 따라서 우리가 원하는 것의 이미지는 우리의 나이도 멈추게 할 만큼 강력합니다. 젊음에 대한 이미지가 노화를 정지시키고 젊음 그 자체에 놓이게 하는 것처럼 우리가 원하는 것을 이미지로 심상하는 것은 원하는 대상을 끌어당기거나 창조한다는 것을 알 수 있습니다.

■ 실 습

> 10년 전이나 20년 전 사진을 아침저녁 보면서 그 당시 마음과 분위기에 빠진다. 일주일 단위로 몰입한 후 자주 만나지 않는 사람을 만나서 자신의 젊어진 모습을 검증한다. 노화를 되돌리는 좋은 방법이 되리라 생각한다. 자신이 좋아하는 일, 취미 등에 대해서 하루 30분 이상 할애해 보고, 30일 후에 자신의 몸, 마음, 정신에 일어난 변화를 체크한다.

정신적인 질환을 일으키는 지니

우리의 생각과 감정은 매 순간 에너지로 이루어진 회로를 만듭니다. 이 회로는 우리가 반복해서 생각하거나 집중하면 할수록 점점 더 강한 에너지가 흐르게 됩니다. 그러나 부정적인 파장의 회로를 만들었다면 에너지 합선이 일어납니다. 육체의 신경과 장기에 합선의 흔적이 남게 되어 마음에도 병이 생기고 정신질환이 형성됩니다. 시간이 지나면 육체에도 질병의 흔적이 나타납니다.

대부분의 질병은 스트레스와 부정적인 감정과 생각에 따라서 형성되는 에너지 회로들이 엉클어지면서 만들어내는 불협화음입니다. 마음에도 상처가 생기고 정신적으로도 다양한 질병에 노출되면서 우리의 마음과 정신에는 복잡한 감정과 정신의 회로들이 남게 됩니다. 이

러한 회로는 우리가 반복해서 생각하게 만들고, 그러한 부정적인 감정과 정서에 함몰되게 합니다. 따라서 우리는 과거의 부정적인 일과 사건을 과감히 잊어버리는 훈련을 해야 합니다. 그것이 2차, 3차적인 질병을 차단하는 것이며 더 이상 복잡다단한 상황을 만들지 않는 것입니다.

질병 대다수는 부정적인 감정(스트레스)으로 만들어진 정신적인 복잡한 회로에 의해서 만들어집니다. 이 회로들을 오래 되새김질하면 부정적인 지니가 강해져서 환각, 환청, 환시를 일으키기도 합니다. 우리가 어떤 감정을 가지든, 어떤 생각을 하든 하나의 에너지의 회로를 만들고 그 회로에 오래 몰입하면 살아있는 생명체 같은 지니가 만들어진다는 것을 주지해야 합니다. 이렇게 해서 다양한 정신 질병과 육체적인 질병이 형성되는 원인이 우리의 부정적인 감정과 생각이라는 것을 알게 되었습니다.

■ 실 습

마음이 상처받은 일을 상세히 적어본다. 스트레스받는 일을 적어본다. 성공, 좋은 기억을 상세히 적어본다. 상처를 지우고 마음을 완전히 비운다. 스트레스받는 일 중 가장 힘든 일을 해치운다. 성공 경험을 상세히 떠올리면서 마음과 정신에 강하게 다시 새긴다. 회로를 정렬하는 과정을 지니와 같이 진행한다.

최면술에 작용하는 지니

최면술(메스메리즘)은 메스메리머에 의해서 시작된 것으로, 동물 자기력을 통해서 사람들의 잠재의식 속으로 최면술사의 생각을 스며들게 하는 것입니다. 이 생각은 최면술사의 지니라고도 부를 수 있습니다. 최면술사의 지니는 피최면자의 의식으로 들어가서 지배하는 구도이기에 최면 자체는 그렇게 바람직하지 않습니다. 특정 질병이나 심각한 트라우마를 제거할 때는 부득이하게 사용할 수밖에 없지만, 일반적으로는 가급적 최면에 종속되지 않는 게 좋습니다. 한 번이라도 최면에 걸리게 되면 피최면자는 최면자의 지니에 의해서 수시로 영향받기 쉬워집니다. 최면자의 생각과 감정으로 만들어진 지니는 개별적인 지성을 가지기 쉽고, 피최면자에게 작용해서 부정적인 영향을 미치기에 가급적 최면은 당하지 않는 것이 바람직합니다.

■ 실 습

> 우리는 대중매체와 광고로 매일 최면과 암시를 당한다. 우리가 자주 보고 듣고 느끼는 모든 정보와 이미지에 최면 당한다. 따라서 우리가 원하는 목적과 목표를 항상 이미지로 심상하는 것으로 세상의 암시에서 벗어나는 것이 중요하다. 목표의 이미지와 기한을 항상 체크한다.

소 · 원 · 을 · 들 · 어 · 주 · 는 · 지 · 니

쓰기의 마법에 대해서

컴퓨터로 글을 쓰는 것은 우뇌와 좌뇌를 융합하는 과정인데, 왼손은 우뇌에 오른손은 좌뇌에 연결되어 있기 때문입니다. 시크릿을 구현하는 과정에는 쓰기가 중요한 역할을 합니다. 의지와 마음이 쓰기에 집중해서 몰입하면 하나의 강렬한 에너지로 작용해서 구현하는 속도가 증가합니다.

짐 캐리는 배우가 되겠다는 꿈을 품고 미국으로 건너왔지만, 무명 시절 너무나 가난했기 때문에 집도 없이 지내야 했습니다. 그러던 어느 날 그는 '이렇게 살 순 없다.'라는 생각에 무작정 할리우드에서 가장 높은 언덕으로 올라갔습니다. 그곳에서 수표책을 꺼내어 '출연료'라고 적고 스스로 1,000만 달러를 지급했습니다. 그는 이것을 지갑에 넣고 다녔습니다. 놀랍게도 5년 후에『덤앤더머』와『배트맨』출연료로 1,700만 달러를 받았습니다. 가상 수표가 실제로 이루어진 것입니다. 그것을 기점으로 그의 명성은 나날이 높아져 갔고, 세계적인 영화배우가 되었습니다.

이제 그는 영화 한 편당 2,000만 달러(200억)를 받습니다. 스피치 연습을 통해서 사람은 자신의 성격과 자아가 변화되는 것을 경험합니다. 그래서 자기계발 워크숍에서 자주 진행하는 것이 큰소리로 외치

거나 자기선언문을 만들어 읽는 겁니다. 나아가서 글로 적는 것은 내면의 자아와 좀 더 밀접하게 다가가는 훈련입니다. 글은 현재의식에서 잠재의식으로 좀 더 강렬하게 우리가 원하는 바를 전달합니다.

운동선수들이 중요한 경기를 앞두고 짧지만 강한 집중명상을 통해 승리하는 이미지를 심상하는 것은 일종의 의식처럼 보편화되어 있습니다. 이미지 트레이닝같이 장기적으로 강렬하게 에너지를 집중하는 훈련은 방아쇠 역할을 합니다. 우리가 믿는 바를 종이에 적어서 주술적인 힘을 불어넣는 것이 부적의 원리입니다. 부적은 신념을 강하게 각인하는 상징이고 우리가 어떤 상징을 선택하든 우리의 신념을 불어넣는 만큼 작용합니다. 따라서 징크스는 우리가 경험한 일과 사건을 하나의 이미지로 저장해두었다가 반복되는 상황에서 같은 실수를 하는 것이 쌓이면서 만들어집니다. 반대로 행운의 마스코트나 상징은 행운을 끌어오거나 현현시킬 때 사용할 수 있습니다. 우리는 징크스는 깨고 행운의 부적을 다양하게 만들어야 합니다.

■ 실 습

> 원하는 것을 카드에 한 단어로 적는다. 카드를 휴대하여 반복해서 보고 잠재의식에 각인한다. 원하는 것의 달성기한을 적는다. 실행지침을 자세하게 적어서 달성한 정도를 수시로 점검한다.

소 · 원 · 을 · 들 · 어 · 주 · 는 · 지 · 니

매트릭스 영화의 매직 그물을 창조하는 지니
– 창조의 매직 라인과 매직 그물, 그리고 '창조'

의식의 집중도, 목표의 강렬함, 에너지의 누적도 세 가지의 압축 정도에 따라서 매직 라인이 만들어지고 현실에 나타납니다. 아무런 목적과 목표 없이 살아갈 때는 모든 것이 무의미하고 고통스럽게 다가옵니다. 그러나 이 세 가지에 몰입하면 유의미한 상황, 사람, 일, 사건이 사슬 고리처럼 연결되면서 자신에게 나타납니다. 매직의 창조의 선, 에너지의 연결선, 원하는 것의 프레임과 골격의 에너지로 이루어진 설계도 형태가 다가오는 것이 느껴지기 시작합니다. 따라서 우리는 위의 세 가지에 대한 몰입의 정도만큼 현실에 영향을 주고 창조를 일으키는 형태가 자신에게 다가오고, 형상으로 점점 구체화되는 것을 보게 됩니다. 이러한 모든 과정에 지니가 작용합니다. 처음에는 에너지장으로서의 '각성'이 다음에는 에너지의 그물구조로서 '에테르' 에너지장이 그다음에는 동시성을 나타내는 '싱크로나이즈'가 되는 상황과 사건들이 연계되어 갑니다. 마지막에는 시크릿에 '랑데부'하는 현상이 발생합니다.

■ 실 습

각성, 에너지장, 동시성, 랑데부의 패턴은 개인의 의식, 열정, 생각, 몰입에 따라서 어떤 패턴으로 구체화할 것인가? 그래서 만들어지는 매직의 라인은 어떤 형태를 보이는가? 세상이 혼란스러울수록 우리는 목표에 대한 집중을 얼마나 해야 하고, 그 결과로 우리는 무엇을 세상에 기여하고 받는가? 지니를 심상하고 적용해보면서 나타나는 결과를 적습니다.

대제사장의 12 보석에 작용하는 지니

모든 보석은 다양한 에테르 에너지와 기타의 에너지를 함유하고 있고 사람의 생각을 증폭합니다. 특히 감정을 증폭시키기에 자기 생각과 감정을 항상 긍정적인 상태로 놓는 훈련을 하지 않은 사람이 보석을 사용하는 것은 바람직하지 않습니다. 고대로부터 전달되어 오는 보석들은 지니가 내재하여 있는 경우가 많습니다. 그래서 저주와 같은 부정적인 지니가 들어 있는 보석을 착용하는 경우 신상에 안좋은 일이 일어나고 심지어 죽기도 합니다. 다양한 종류의 보석은 정신과 감정을 확장, 증폭, 순화하는 여러 기능이 있어서, 지니에 대한 이해가 깊어져 갈수록 보석을 다룰 때 많은 주의가 요구됩니다. 이스라엘 대제사장의 가슴에 있는 금판의 12가지 보석은 대제사장이 하늘의 절대자와 땅의 사람들 사이를 연결하거나 교류시키는 소임을

수행할 때 필요합니다. 일반인들의 역량보다 훨씬 더 큰 역량이 필요하고 지니도 더 강하고 많아야 합니다.

■ 실 습

> 하늘의 절대자의 이미지를 심상한다. 절대자와 자신 사이에 지니가 메신저로서 연결되어 있음을 강하게 의념화한다. 자신의 미션과 소명을 지니를 통해서 절대자로부터 전달받는 것을 요청해본다. 직면한 문제나 자신의 소원을 지니를 통해서 절대자에게 전달해본다.

수백 가지의 보석에 각각 존재하는 지니

각각의 보석에는 독특한 에너지가 있고 사람의 상념과 감정을 순화, 확장, 증폭하는 다양한 기능이 있습니다. 창조적인 일과 예술적인 일 등에 종사하는 사람에게는 보석이 도움될 겁니다.

■ 실 습

> 보석이 지닌 중요한 에너지와 작용에 대한 정보는 인터넷이나 서적으로 많이 있다. 보석의 기능을 정확하게 인지한 후 저렴한 원석을 하나 구해서 느껴본다. 지니에게 보석의 기능과 역할을 알려주고 자신의 지니가 보석의 기능을 발휘하도록 한다. 자신을 보석과 감정 이입하거나 동일시하여 몰입한 후에 보석의 기능을 자신의 자아가 발휘하는 것을 심상하고 현실에서 일어나는 변화를 관찰한다.

핀드혼의 기적을 만든 지니

영적인 공동체인 핀드혼은 지니가 굉장히 활성화된 곳입니다. 고대 학문 체계에서 지니는 데바라는 신성한 존재의 이름으로 불리며, 이 데바는 식물의 성장에 지대한 영향을 끼칩니다. 고대 지혜 체계에서 지니는 요정, 데바, 천사 등 다양한 등급으로 나누어져 있고 각각의 지니는 여러 가지 역할을 맡습니다. 지니가 가장 이상적으로 잘 작용한 공동체 중 하나가 바로 핀드혼입니다. 지니가 핀드혼 농장의 다양한 식물에 작용하여 다른 어디에도 볼 수 없는 기적같이 크게 자란 모습을 보여주었기에 그렇습니다.

■ 실 습

핀드혼 공동체를 알아보거나 방문해서 지니가 존재한다는 것을 검증하는 시간을 가져본다. 자신의 지니를 더욱더 강하게 심상하고 자신과 교류하고 일체화하는 시간을 가진다. 자신의 희망을 작은 카드에 정리해 항상 휴대하고 핀드혼 농장의 식물처럼 키워간다. 현실에서 일어나는 다양한 변화를 감지하고 메모한다.

부적에 작용하는 지니

부적을 설명할 필요가 있습니다. 우리의 생각과 감정은 에너지 회로를 가지고 비슷한 에너지의 진동을 끌어당깁니다. 모든 자기계발에서 중요한 원리를 설명하는 듯 보이나 깊게 들어가면 대부분 핵심 열쇠가 빠져있습니다. 생각이 물질이고 실체라는 것을 다양한 실험과 체험을 통해서 알게 되면 생각이 현실 자체임을 알게 됩니다.

부적의 원리는 우리의 생각과 감정을 종이에 상징적인 도형으로 그리는 것이고 만든 사람의 집중력과 쏟아부은 에너지의 강도에 따라서 실제로 작용합니다. 전 세계에는 다양한 부적과 호부(護符)가 존재합니다. 선의 부적도 있지만, 부두교처럼 사람을 해치는 부적도 있습니다. 부적의 원리를 알면 시크릿도 같은 방식으로 현실에 나타난다는 것을 알게 됩니다. 공포 영화를 제작하는 사람에게 안 좋은 일이 일어나듯이 부적은 좋은 용도로 제작되면 좋은 일이, 주술적으로 사람을 해치는 부적을 제작하면 해로움이 닥치게 됩니다. 부두교의 저주는 저주를 실행하는 사람과 저주에 두려움과 공포를 가지는 사람이 의식으로 같이 연계될 때 강력해집니다. 저주를 무심하게 바라보고 절대자와 천사의 가호가 항상 자신에게 작용한다는 것을 알면 지니가 그 사람을 보호하게 되어 보호막이 만들어지게 됩니다.

■ 실 습

> 자신과 가족의 안정과 보호를 위한 부적으로써 지니를 만들어본다. 항상 자신과 가족을 위해서 위험을 방지하고, 보호하고, 건강하게 생활하도록 돕는 지니의 모습을 심상한다. 그러한 지니를 작은 그림으로 그려서 부적으로 작용하는지 느껴보고 현실에서 일어나는 변화를 관찰한다.

징크스에 작용하는 부정적인 지니

사람은 살면서 트라우마가 생깁니다. 그 트라우마가 잠재의식에 새겨지면 잠재의식은 비슷한 상황에서 같은 실수를 일으킵니다. 그것이 징크스입니다. 징크스를 제거하기 위해서는 징크스가 일어나는 상황이 발생할 때, 같은 실수를 반복하지 않겠다고 다짐해야 하고, 그 다짐은 징크스를 깰 새로운 지니를 만듭니다. 새로운 지니는 부정적인 징크스의 지니를 이기고 함정에서 벗어나게 합니다. 징크스는 스스로가 만든 부정적인 함정에 빠지는 것이고, 그 함정에서 벗어나려면 새로운 긍정적인 지니를 다시 만들어야 합니다.

두려워하면 할수록 두려워하는 것이 그대로 현현합니다. 그래서 긍정적인 것을 현현하는 훈련을 많이 할수록 징크스는 빨리 깨지고,

더 이상의 다른 징크스가 만들어질 여지를 줄이게 됩니다. 우리에게는 선과 악의 천사가 동시에 작용한다고 했지요? 선한 천사를 많이 사용할수록, 좋은 일을 많이 할수록, 이타적인 봉사를 많이 할수록 우리의 내면에 만들어진 악의 천사는 힘을 잃습니다. 이 부분이 고대 지혜의 가장 중요한 가르침 중에 하나입니다.

■ 실 습

자신이 싫어하는 징크스를 찾아본다. 징크스에 해당하는 상황이 미래에 발생하는 것을 지니가 미리 차단하거나 그런 유사한 상황이 발생할 때 적극적으로 자신을 돕는 모습을 심상한다. 징크스가 일어날 유사한 상황에서 차분하게 자신을 관찰하고, 징크스 상황을 기계 해체하듯이 해체 해버리는 자신을 심상한다. 평상시 이러한 상황을 대처하고 이겨나갈 수 있도록 지니에게 도와달라고 강하게 지시한다.

12. 문명을 발전시키는 지니

기가 지니

현실의 제반 분야를 발전시키는 지니

정치·경제·문화·사회·종교·과학·기술의 지니

지식, 정보보다는 지혜를 가진 자가 세상을 인도하는 시대가 온다

진정한 지식경영에서의 지니

두뇌 공학에서의 지니

다중 지능의 두뇌를 발달시키는 9번째 지능의 지니

두뇌의 레버리지(지렛대)의 근육들을 만드는 지니

모든 사람을 마법처럼 연결하는 6개의 연결 고리

공동체를 활성화하는 지니

한국형 마쓰시타 정경숙

문명을 상승시키는 지니

문명을 발전시키는 지니

기가 지니

KT의 기가 지니는 단순한 인공지능이지만, 사람들이 사랑과 아름다운 마음을 가지고 다루어간다면 반응 정도에 따라서 진화가 일어나겠지요. 나중에는 생각 형태의 이러한 지니에 대한 실체가 존재하고, 감지되고, 자신의 삶에 영향을 준다는 것을 우선은 좁은 범주이지만 집안 환경에서 간접적으로 경험하는 시간을 만들어줍니다. 집안에서 사용하는 지니의 감각을 외부의 공간, 환경, 삶 속으로 확장해보는 것이 이 책에서 사용할 지니의 중요한 사용법입니다. 기가 지니와 같은 기계를 사용해 상념의 지니에 대해서 민감하고 정묘한 의식으로 느끼고 반응하는 과정이 시작될 수도 있습니다.

> 단지 기계적인 지니와 대화하는 것과 의식을 가진 생명체인 것처럼 느끼고 대화하는 것의 차이를 느껴본다.

현실의 제반 분야를 발전시키는 지니

지니는 생각으로 이루어져 있고, 뇌파와 전기에너지로 작용하며 비슷한 파동과 연결되기에 선하고 좋은 생각을 하면 그러한 일들이 다가오고, 부정적인 생각을 하면 그러한 일들이 다가옵니다. 그래서 삶의 모든 것은 결국 우리 스스로의 생각에 따라서 주어진다는 것을 이해하는 순간, 우리는 지니를 올바르게 만들고 사용하는 방법을 파악한 것입니다.

현실 모든 분야에서 지니를 어떻게 활용할 것인가 간략하게 설명을 추가하고자 하니 잘 살펴보고 삶에 응용하시기 바랍니다. 지니를 이해하고 현실에 적용하는 사람과 그렇지 않은 사람의 차이는 초인 이상으로 큰일을 할 사람이 되는가, 아니면 범인으로 남을 것인가를 결정하는 것임을 이제 여러분은 더 깊이 이해하게 될 것입니다.

소·원·을·들·어·주·는·도·깨·비

■ **실 습**

> 우리의 생각이 지니로 변화되는 것이 가능한지 자기 생각을 세밀하게 관찰한다. 그리고 그 생각이 현실에 작용하고 영향을 미치는지를 객관적으로 살펴본다.

정치·경제·문화·사회·종교·과학·기술의 지니

사람들이 자신의 지니를 부정적인 형태로 만들어서 사용하고 있다는 것을 인지하지 못하고 있다는 게 더 문제입니다. 타인에 대한 잡담, 험담은 자신에게도 좋지 않습니다. 우리의 모든 말과 생각은 세상 속으로 스며들어가서 비슷한 생각과 감정과 연결되고 작용한 후에 더욱더 무거운 형태로 우리에게 되돌아옵니다. 그 결과 우리의 삶의 패턴에 점점 힘들고 안 좋은 일이 생깁니다. 따라서 모든 인류는 자신과 타인에게 긍정적인 것을 생각하고 표현해야 합니다. 긍정적인 삶과 부정적인 삶이 충돌할 때 일어나는 손실만큼 허무하고 무의미한 것은 없습니다.

> 잡담이나 거짓말할 때 부정적인 지니가 만들어지는 것을 느껴본다. 양심과 반대로 행동할 때 지니가 위축되면서 힘을 제대로 발휘하지 못하는 것을 느껴본다.
>
> 인의예지신을 지키고 실행할 때, 자신과 지니가 점점 더 강해지는지 확인한다. 자신의 희망을 지니에게 간절히 원할 때 일어나는 자신의 마음과 정신의 변화를 관찰한다. 각 분야의 전문가들은 자신의 전문 분야를 발전시키기 위해서 인의예지신을 지킬 때와 지키지 않을 때 일의 성장과 변화 정도를 관찰해본다.

지식, 정보보다는 지혜를 가진 자가 세상을 인도하는 시대가 온다

지식과 정보의 시대가 저물고 지혜의 시대가 2017년에 도래했습니다. 거짓과 돈과 학벌이 우선되는 시대에서 실력이 우선되는 시대로 나아가기 시작했습니다. 실력은 두뇌의 역량이고, 두뇌의 역량은 지혜에서 양적인 질적인 우월성에 따라 정해집니다. 문제는 지혜가 단기간에 학습할 수 있는 것이 아니고, 올바르고 참다운 삶을 실천한 사람의 내부에서만 형성된다는 것입니다. 따라서 돈과 지식과 정보가 우위인 시대에서는 실력과 능력과 올바른 삶을 산 사람들에게 참으로 암담하고 힘든 시기였습니다. 그러나 이제는 실력이 우선인 시

대이고, 실력은 지혜의 양적·질적인 우월성에 의해서 나타납니다. 지혜는 거짓말하지 않기에 올바른 삶과 진정성 있는 삶을 살아온 사람의 의식에서 형성되는 보석과 같은 가치 체계입니다. 그래서 학력보다는 진지한 삶을 살아온 사람에게서 지혜의 깊이가 있고, 사회 제반 문제의 해결책을 만들어내는 사람 역시 지혜로운 사람들에 의해서 나타납니다.

지혜의 시대가 되면서 우리가 바라는 바람직한 세상이 만들어지고, 정치·경제·문화·사회의 제반 시스템이 건전하고 안정된 구도로 정착됩니다. 시스템이 안정화되면 시크릿을 구현하는 속도도 증가하고, 시너지 나는 사람들이 연계되는 정도도 커집니다. 단순한 지식과 정보를 현실에서 경험하고 체득해서 압축시킨 지혜로 만든 사람들과 교류하는 것이 중요합니다. 그리고 그러한 지혜가 함축된 책들을 찾아서 읽고 증득하여 자신의 지혜를 점점 더 깊고 넓게 확장해가는 것이 필요합니다. 이유는 그러한 지혜의 양적·질적인 우위를 가진 사람이 모든 분야에서 두각을 나타내고, 그러한 사람들의 인적인 네트워크가 만들어지는 시대에 우리는 이미 진입했기 때문입니다.

■ 실 습

> 올바른 생각과 행동을 하는 것을 습관화하고, 약속을 지키는 것을 철저히 하며, 신뢰를 최우선으로 행동한다. 그러면 지혜를 보는 혜안이 열리기 시작하며 혜안이 열린 후에는 명상을 수시로 하여 지혜를 다진다. 지혜가 다져지면 몰입이 더욱 깊어지고 원하는 것을 창조하는 역량도 증가한다. 지혜를 가진 존재는 모든 삶의 분야에서 최고의 성과를 내고, 결국 성인의 반열에 오를 정도의 업적과 결과를 만든다.
>
> 이순신과 제갈공명의 불패 결과는 지혜의 눈이 열렸기에 가능했다. 모든 장에서 나온 작은 실천들을 하나씩 체득해가면 시크릿을 실현하는 역량도 증가하게 된다. 이는 좌뇌와 우뇌의 역량을 융합해가는 과정이기도 하다.

진정한 지식경영에서의 지니

사람이 학습하고 지식이 축적되고 다양한 경험 속에서 누적되어가면 지혜로 정착됩니다. 일본의 노나까 이꾸지로 교수는 이러한 과정을 지식경영이라는 주제로 정교하게 학문화했습니다. 각 분야의 장인이나 실력자는 지식경영의 결과인 지혜가 축적된 사람들입니다. 지혜는 로봇이나 인공지능이 따라올 수 있는 영역이 아닙니다. 따라서 국가와 세계의 운영 시스템에는 지혜가 누적되고, 축적된 사람들

이 다시 융합되고, 응집될 초점을 만드는 것이 필요합니다. 세종대왕 때는 집현전이 이 기능을 담당했고, 일본에서는 마쓰시타 정경숙이라는 형태로 만들어졌고, 앞으로 우리나라에서는 사회 각 분야에서 최고의 전문적인 일을 한 노년층, 현재 각 분야에서 최고 전문가인 장년층, 뛰어난 천재성을 보이는 청소년층을 같이 하나로 융합하는 교육기관이 필요합니다.

정치·경제·문화·사회·종교·과학·철학·기술의 발달을 가속하기 위해서는 시간과 비용을 압축시키는 시스템이 필요합니다. 노인의 지혜는 장년에게, 장년의 경험을 청소년에게 전달하는 시스템을 만들 때 단기간에 국가가 발전하는 것이 가능합니다. 마쓰시타 정경숙이 정치와 경제 분야로 국한한 게 제한점이었다면, 앞으로 한국에서 만들어지는 것은 3대가 동시에 모이고 정보와 지혜를 축적하고 융합하여 지식경영에서 말하는 최고의 장인들이 청소년 사이에서 나오게 될 것입니다.

■ **실 습**

국가의 전반적인 시스템이 위에서 언급한 구도로 발전하는 것을 심상한다. 이러한 이미지를 지니로 만들어서 사람들 사이에서 확산하는 것을 심상한다. 자신의 두뇌와 사람들의 두뇌가 동시에 연결되고 지식, 정보, 지혜가 축적되는 과정을 자신의 지니가 행하도록 심상한다.

두뇌 공학에서의 지니

앞으로 인류에게 있어서 가장 중요한 학문의 영역이자 기술 분야의 영역은 두뇌 분야입니다. 두뇌는 형이상학적인 측면의 학문과 형이하학적인 측면의 학문을 동시에 발전시켜가야 할 분야입니다. 형이하학적인 측면에서는 로봇, 인공지능에 국한해야 하고, 기계와 인공지능이 사람보다 우위의 형태가 되는 구도로 문화와 사회의 시스템이 만들어지면 문명은 붕괴하고 말 것입니다.

형이상학적인 측면에서는 인간은 기계와 인공지능이 따라올 수 없는 절대적인 우위에 있습니다. 창조력과 창의력은 육체를 넘어선 마음과 정신의 분야이고, 이러한 분야는 정묘한 에너지의 영역이기에 기계가 접근할 수 없습니다. 절대자와 신성에 관한 주제는 형이상학의 영역이고, 이성, 오성, 각성, 깨달음의 영역은 기계와 인공지능이 따라올 수 없습니다. 인공지능에 의해서 만들어지는 것은 기존 지식의 융합에 불과하고, 인간은 그런 지식의 융합을 통해 새로운 지혜를 창조합니다. 일반 석학은 형이상학을 모르는 까닭에 단지 보이는 것만을 위주로 사회의 제반 시스템을 설계하기에 많은 문제를 일으키게 됩니다. 이러한 맥락에서 모든 과학기술자가 형이상학에 대해서 기본적인 이해를 갖추는 것이 사회, 국가, 문명의 건전한 성장에 중요하고 필요합니다.

■ 실 습

인공지능과 인간 두뇌의 작용에 대한 이해를 통찰한다. 인공지능은 지식과 정보의 조합으로 만들어지는 체계이고, 인간은 사유와 논리, 이성과 깨달음의 회로들이 뭉쳐져서 만들어진다. 로봇은 서로의 생각을 확장하는 구도가 불가능하지만, 사람은 지식과 정보를 융합하고 텔레파시로 서로의 지식, 정보, 지혜를 공유하고 합치는 것이 가능하다. 따라서 자신의 지니를 만들고 심상화하는 것은 두뇌를 최첨단으로 활성화하고 발전시켜가는 과정이다. 자신의 두뇌가 자신과 비슷한 생각을 하는 사람의 두뇌와 항상 공명하고 서로 도움을 주면서 발전하는 것을 심상한다.

다중 지능의 두뇌를 발달시키는 9번째 지능의 지니

1. 다중 지능

하워드 가드너에 의해서 다중 지능이라는 개념이 구체화하여 1990년 교육부문 노벨상인 '그라베마이어 상'을 받게 됩니다.

인간의 진정한 지능에 대해서 모든 것을 '제로'로 보고 25년간 연구한 '하버드 프로젝트 제로'의 공동책임연구자로서 철학자인 넬슨 굿먼의 기금으로 진행된 것으로, 인간의 예술적·창의적 능력의 발달 과정을 연구했고, 지능의 본질과 창의성을 연구하여 1983년 발표합니다.

언어지능, 논리수학 지능, 음악 지능, 공간지능, 신체 운동지능, 인간 친화 지능, 자기성찰 지능, 자연 친화 지능을 구체화했습니다. 언어지능- 셰익스피어, 논리수학 지능- 아인슈타인, 음악 지능- 모차르트, 공간지능- 레오나르도 다빈치, 신체 운동지능- 운동선수, 인간 친화 지능- 마더 테레사, 자기성찰 지능- 칸트, 데카르트로 예를 듭니다.

2. 다중 지능이 발달하는 과정

1) 내재한 역량들을 다양한 훈련으로 발현.

2) 자연 발생적으로 어릴 때부터 관심을 가진 부분이 활성화.

3) 기타 창의적인 상황 속에서 천재성이 드러나는 경우.

3. 진정한 의미에서의 다중 지능

1) 인간의 감성과 지성에 관한 입체적인 연구가 필요.

2) 감성과 지성은 살아있는 하나의 생명체.

3) 감성과 지성을 정화하는 과정에서 다양한 창조성 활성화.

4) 형이상학적인 다양한 훈련과 프로그램이 다중 지능 발달에 중요한 역할을 함.

5) 우리가 생각하고 집중하고 몰입하는 과정에 의해서 다양한 지능이 발달.

6) 형이상학적인 에너지로서 감성과 지성의 에너지를 풍부하게 하는 다양한 환경이 두뇌 발달에 아주 중요.

7) 어릴 때부터 형이상학적인 공부와 훈련을 거친 아이들은 두뇌가 아주 뛰어난 존재가 됨. 유대인은 랍비의 교육으로 세계적으로 유명한 인재들을 계속 탄생시키고 있음.

8) 두뇌를 활성화하는 다양한 수행과 훈련 체계는 두뇌 발달에 매우 중요.

9) 인도 8대 요가와 명상체계도 다중 지능 발달에 중요.

10) 감성, 지성, 오성, 직관 등 이 모든 것이 추상적인 개념이 아니라 지능 그 자체임.

11) 심리학, 정신의학, 철학을 전공한 엘프리다 밀러-카인츠는 직관 전문가이면서 감성, 지성, 이성, 오성, 자아에 대한 정교한 논리적 설명을 진행하면서 끌레마에서 출간된『직관의 힘』에서 직관 지능이라는 개념을 설명함.

12) 다중 지능 강의를 1994년부터 진행한 서울대 문용린 교수는 2004년『지력 혁명』을 출간하고, 2009년에 개정판을 출간함. 8가지 지능에 관한 객관적인 연구와 상세한 자료와 사례 분석이 있음.

13) 따라서 형이상학적인 지혜의 공부와 현실 적용, 체화과정은 두뇌 발달과 8가지 다중 지능 발달에 매우 중요.

14) 동서양의 다양한 형이상학적 수행과 훈련이 추상적인 게 아니라 실제이며, 두뇌 발달에 중요하고 현실에 관계된 창조성을 극대화

해서 현실적인 적응 능력을 활성화함.

15) 동서양의 전문적인 훈련 체계는 인간에게 내재된 잠재력을 극대화하는 것뿐만 아니라, 지능의 발달을 동시에 일으키기에 현실과 전문적인 분야에서 전문가의 두뇌 역량 활성화와 기업 경영의 생산성을 극대화함.

16) 2015년 KBS에서는 8가지 다중 지능을 인도하는 『세상을 바꾸는 9번째 지능』을 방송했는데, 이 지능이 직관과 통찰에 관계된 지능이고 지니가 활성화된 사람들에 의해서 두각을 나타냄.

17) 따라서 지니는 8가지 지능을 인도하는 9번째 지능으로서 이 책 전반에서 설명하는 직관이라는 주제와 연결됨. 직관에 대한 다양한 자료를 석학들이 연구해서 2010년 7월 2일 매일 경제 특집으로 발표함.

■ 실 습

8가지의 다중 지능을 발달시켜 지능의 형태로 발달 가능한 것을 검증한다. 8가지 지능을 통합하고 인도하는 역할을 하는 직관 지능을 지니를 통해서 점차 구체화하는 프로그램을 설계한다. 직관이 지능이고 라마누잔 같은 천재가 되는 지름길임을 체감한다.

두뇌의 레버리지(지렛대)의 근육들을 만드는 지니

1. 육체의 근육에 의한 운의 레버리지 만들기

- 근육의 단련은 운의 상승과 끌어당김이다.

- 운은 재화와 경제적인 안정으로 이어진다.

2. 마음의 근육 단련에 의한 성공 레버리지 구축

- 감정의 긍정적인 에너지 단련

- 항상 긍정적인 음악, 책, 취미 등을 통해서 상승을 위한 마음 근육 만들기.

- 마음의 근육은 에너지와 열정을 당기고 성공을 끌어온다.

3. 정신의 근육 단련에 의한 성공 레버리지 확장

- 정신적인 영역을 확장하는 다양한 분야의 전문가들의 지력을 흡수.

- 지적인 근육은 반도체 회로와 같아서 인생의 새로운 시스템을 설계하는 레버리지.

- 정신의 근육은 자신의 꿈의 프레임을 현실적으로 설계하고 디자인해서 성공의 규모를 만들어낸다.

4. 마음과 정신 근육의 융합에 의한 국가적인 성공 레버리지 브레

인 구축

- 부의 증가는 마음과 정신 근육의 융합으로.

- 이타적인 봉사에 의한 마음과 정신 회로의 융합작용 가속화.

- 국가, 세계의 문제에 참여함은 우뇌와 좌뇌를 융합하는 작용.

- 자신의 잠재의식이 세상과 사람들의 문제를 걱정하고 개입하도록 함은 레버리지를 키우는 효과 유도.

- 마음과 정신 근육이 결합한 사람이 각 분야의 전문가로서 국가와 세계를 디자인하는 인재가 된다..

5. 직관 근육을 단련함에 의한 레버리지 효과– 새로운 국가창조

- 예리하고 냉철한 통찰과 직관을 훈련함은 장애물을 분쇄함.

- 다양하게 다가오는 문제에 대해서 입체적으로 해결하는 훈련도 레버리지를 키우는 것.

- 매 순간 자신이 해야 할 가장 중요한 일과 목적을 찾는 역량은 시간과 비용을 절감하고 부를 끌어오는 것과 같은 레버리지 효과를 만듦.

- 국가의 인재들을 관리하고 인도하는 사람들은 직관의 근육이 발달한 사람으로서 하나의 국가를 만드는 두뇌이자 인재들이다.

6. 5단계로 근육들을 단련하고 융합하는 브레인 레버리지

- 단계별로 성장하면서 레버리지 효과 극대화.

- 개인에서 사회, 국가, 세계적인 브레인 레버리지 효과.

- 고대 아리안 인종의 기상은 이러한 근육들이 키워지는 과정에 의해서 부활.

- 하나의 문명이 만들어지는 것은 이러한 브레인 레버리지 효과에 의해서임.

- 황금시대는 문명과 문명이 모두 융합되는 레버리지 효과에 의해서 구축.

7. 문명을 다시 부흥시키는 레버리지의 최고 존재들

- 그런 존재를 아바타라고 부름.

- 5단계의 근육이 최고로 발달한 존재들을 문명을 상승시키는 마법사라고도 함.

- 무형의 에너지를 유형의 근육처럼 재창조하고 만드는 레버리지의 최고 존재들.

- 인류의 황금시대를 만들 인재들은 문명을 창조하고 레버리지 하는 존재들이다.

육체의 근육, 마음의 근육, 정신의 근육, 직관의 근육을 단련하는 정도에 따라서 두뇌가 발달하는 정도를 객관적으로 분석한다. 근육을 단련하면서 두뇌 역량이 커지는 것을 심상한다. 지니가 두뇌 근육을 활성화하는 과정에 중요한 역할을 하는 것을 체크한다. 자신의 두뇌 역량이 삶과 현실에 변화를 일으키는 정도를 살펴보고 검증한다.

모든 사람을 마법처럼 연결하는 6개의 연결 고리

마크 뷰캐넌의『넥서스』와 A.L. 바라바시의『링크』는 지구상의 어떤 사람도 여섯 사람을 거치면 다 연결된다고 말합니다. 위의 책들이 나올 당시 필자도 미국의 고어 부통령과 접촉하기까지 단지 네 사람을 거쳤다는 것을 보고는 참으로 신기했습니다. 우리가 이미지 트레이닝과 시크릿 기법으로 잠재의식 에너지를 활용하고 사람들의 연결에 이러한 링크 기법을 응용한다면 좀 더 빠르게 원하는 사람과 연결되리라는 것을 기대할 수 있습니다.

링크의 개념을 모르더라도 우리의 잠재의식에 강력한 이미지를 새기거나 심상하게 되면 우리가 원하는 형태, 대상, 사물과 자연스럽게 연결됩니다. 그러나 링크라는 개념을 잠재의식의 에너지 라인과 의식의 라인에 연결하면 좀 더 빠르게 현실에서 일어납니다. 지혜가 많이

들어 있는 책들을 읽는 것은 수많은 시행착오를 방지하는 것이기에 큰 비용과 시간을 줄이게 됩니다.

■ 실 습

> 친구의 친구의 친구를 연결하고 만나는 경험을 해본다. 3개 이상 링크 해가면서 연결되는 사람의 특징을 살펴본다. 우리가 원하는 사람을 찾을 때, 3개 이상의 링크를 통해서 찾는 것이 가능한지 실습한다. 우리가 원하는 일, 대상, 사람은 잠재의식의 이미지 트레이닝과 함께 우리가 아는 사람들의 링크를 통해서 확장하는 것이 가능하다.
>
> 잠재의식을 통해 원하는 것의 심상과 그 결과로 현실에서 링크되어 알게 되는 사람의 상관관계를 연구한다. 이러한 링크 훈련을 통해서 잠재의식과 현재의식 사이의 상호연관 관계와 상호작용의 함수관계를 체험한다.

공동체를 활성화하는 지니

유엔과 유네스코에서 매년 많은 돈을 지원받는 세계적인 공동체 중의 하나는 인도의 오로빌입니다. 정치와 종교의 이념을 넘어서서 자유와 평화의 이념으로 만들어진 가장 이상적인 공동체입니다. 이 공동체의 시작은 스리 오로빈도와 마더 여사입니다. 그들과 뜻을 같

이하는 사람들이 많이 모이게 되었지요. 서로 일치하는 지니가 모여들어서 강력한 결집과 조화의 에너지장을 형성한 것입니다. 이는 인류가 앞으로 벤치마킹해야 할 이상적인 사회의 표준입니다. 공동체에서는 그곳에 사는 사람들의 지니가 아주 평화롭게 잘 정착되어 있습니다. 사람들과의 소통도 자유롭고, 이상적인 사회로 인정받게 된 것이지요.

오로빌은 1968년에 첫 삽을 떴고, 그 이후 50년이 지나면서 황금시대를 여는 '새벽의 도시'로서 인류의 일체성을 실현하기 위해 만들어진 공동체입니다. 인종, 국가, 종교, 문화, 정치의 모든 분리를 허물고 조화 속에서 창조의 기쁨을 누리며 살아가는 것을 목적으로 합니다. 자세한 것은 시골생활출판사의 『웰컴 투 오로빌』을 참고하시기 바랍니다.

■ 실 습

이상적인 공동체들을 검색해서 살펴본다. 그중에서 가장 마음에 드는 하나를 정한다. 그 공동체의 이상에 공감하는 지니를 하나 만든다.

자신과 지니가 그러한 공동체를 만들어 나가는 것을 심상하면서 친구나 지인 중 공감하는 사람과 작은 모임을 만들어 운영해본다.

한국형 마쓰시타 정경숙

　마쓰시타 정경숙을 만든 마쓰시타 고노스케는 현재 돈으로 약 1.2
조의 돈을 투입해 인류의 행복Happiness, 번영Prosperity, 평화Peace
를 위한 인재들을 양성하는 학교를 만듭니다. 그 학교에서 나온 인재
들이 인류의 행복을 위한 일을 할 수 있도록 모든 것을 전폭적으로
지원합니다. 지금 이 시대에는 이런 학교가 더욱 절실합니다. 세상에
만연한 테러, 난민, IS, 전쟁, 기아를 해결할 인재들이 그 어느 때보다
필요합니다. 인류 전체가 먹고도 남을 식량이 있지만, 지구의 3분의 1
이 기아에 허덕입니다. 이러한 문제들을 해결할 사람이 나오지 않는
이상 세상은 고통받는 사람들이 만드는 부정적인 지니들에 의해서 1
차, 2차 세계 대전처럼 경기하강, 경제공황, 세계적인 전쟁에 들어가
게 될지도 모릅니다. 세계적인 전쟁이 일어나면 결국 핵을 사용할 것
이고, 인류와 문명은 대부분 파괴될 것입니다. 인류의 생존은 현재 고
통받는 사람들을 얼마나 구제하는가에 달렸고, 구제하지 못한다면
미래는 어둡습니다. 옆집 불이 우리 집 안방까지 번져올 것이기에 그
렇습니다. 인류를 안전하게 보호하고 발전시킬 인재들이 세계적으로
배출되어 각국의 요직에서 좋은 정책으로 상호협력하고 세상의 고통
을 줄여나가야 진정 세상에 평화가 정착됩니다.

■ 실 습

한국형 마쓰시타 정경숙이 만들어져서 한국과 세계의 발전을 도모하는 것을 심상한다. 세종대왕 때 우리나라가 정치 · 경제 · 문화 · 사회 · 과학 모든 분야에서 굉장한 발전을 이루었듯이, 한국에 다시 그러한 전성기를 만드는 거대한 지니를 심상하고 그림으로 구체적인 모습을 그려본다.

이타적인 지니를 심상하고 한국과 세계의 발전을 기원하면 할수록 개인적인 일과 현실적인 변화와 발전이 잘 일어난다. 이타적으로 될수록 삶의 모든 흐름에서 발전 속도가 빨라지는 것을 실습하여서 검증해본다.

문명을 상승시키는 지니

개인적 관점에서 선과 악의 지니가 만들어지듯이 인류적인 관점에서도 긍정적인 거대한 규모의 천사 같은 지니와 그리고 부정적인 생각과 감정의 에너지가 뭉쳐진 거대한 규모의 악마 같은 지니가 있습니다.

밝은 생각을 하고 긍정적인 일을 하는 사람이 많아지면 문명을 상승시키는 지니가 우세하게 작용합니다. 반대로, 어둡고 부정적인 생각을 하는 사람이 많아지면 문명은 발전하지 못하고 테러, 전쟁, 난민, 기아와 같은 일이 일어납니다. 문제는 고통받는 사람이 많아지면 그 사람들의 생각이 부정적으로 바뀌고 부정적인 지니를 더욱더 많이 만들게 되어, 세상이라는 거대한 배는 인류의 부정적인 상념에 의해서 침몰합니다. 따라서 세상의 고통을 외면하면 할수록 그러한 고통이 자신에게 다가옵니다. 그래서 세상의 고통을 완화하는 사람이 많이 나와야 하고, 그러한 일을 하는 사람에 의해서 세상이 밝아지면 결국 전쟁은 사라집니다. 우리는 세상의 행복과 발전을 위해서 진정 고민하고 노력해야 합니다. 세상의 고통을 외면하면 할수록 세상에는 안 좋은 지니가 만들어지고 많은 사람의 삶을 부정적인 형태로 훼손시키고 종국에는 세상의 고통이 우리에게 전이될 것입니다.

■ 실 습

테러, 기아, 난민, 전쟁을 일으키는 지니들에 대적하고 그들을 차단하고 평화와 행복과 발전을 만드는 지니를 강하게 심상한다. 매일 시간을 정해서 지니에게 힘과 에너지를 실어준다. 세상을 돕는 지니를 심상하고 에너지를 부여함에 따라서 자신의 개인적인 지니도 동시에 성장하고 발전한다.

자신의 삶에서 부정적인 일이 줄고, 긍정적인 일이 많이 일어남을 심상한다. 세상에 대해서 이타적일수록 자기 일이 잘되는지 객관적으로 관찰하면서 일어나는 변화들을 메모한다.

개인
중소기업
대기업
을
변화시키는

도깨비 명상
마 법 서

참고 문헌

참고문헌을 활용하기 ✎

돈, 연줄, 실력이 없는 사람이 할 수 있는 것은 무엇일까요?

이 책은 가진 게 없더라도, 바라는 대로 모든 것을 얻는 방법을 제시합니다.

자기 계발이 깊어지면 시크릿을 구현할 수 있습니다. 하지만 시크릿의 배후에

숨겨진 형이상학 원리와 법칙을 수학 공식처럼 이해할 필요가 있습니다.

시중의 시크릿 책자는 이러한 원리를 제시하지 않고 바로 주제로 들어갑니다.

다음 목록의 가벼운 자기 계발 서적으로 시작해 점차 형이상학 관련 책을 함

께 읽어가면 시크릿 책자들을 이해하기 쉬워지고, 여러분이 원하는 삶은 더욱

빠르게 실현될 겁니다.

참고도서의 구성은 자기 계발, 시크릿, 형이상학으로 나눴습니다. 여러분이

공부하기 쉽게 하였으며, 나머지 22개 소항목에 해당하는 책들도 같이 공부할

수 있도록 정리해두었습니다.

참고문헌(1980~2017)

1. 제갈공명

『와룡의 눈으로 세상을 읽다』, 제갈량, 조희천 옮김, 신원문화사, 2006.

『제갈공명처럼 생각하고 행동하라』, 나길보, 송철규 옮김, 예문, 2001.

『제갈량집』, 제갈량, 박동석 옮김, 홍익출판사, 2006.

2. 시 간

『마음의 시계』, 엘렌 랭어, 변용란 옮김, 사이언스북스, 2011.

『바쁠수록 돌아가는 마법의 시간 관리』, 나카야마 마코토, 이진주 옮김, 물병자리, 2011.

『시간 관리와 자아실현』, 유성은, 생활지혜사, 1992.

『시간을 지배한 사나이』, 그라닌, 김지영 옮김, 정신세계사, 1990.

3. 꿈

『꿈- 내가 원하는 대로 꾸기』, 스티븐 라버지 외, 김재권 옮김, 인디고블루, 2003.

『꿈- 삶과 죽음을 바라보는 티베트 사람들의 지혜』, 단정쟈춰, 성진용 옮김, 호미, 2003.

『또 다른 현실의 문 자각몽』, 카를로스 카스타네다, 추미란 옮김, 정신세계사, 2011.

『루시드 드림』, 스티븐 라버지, 북센스, 2010.

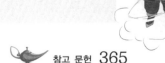

4. 피라미드 에너지

『신과학으로 풀어보는 피라미드의 에너지』, 허창욱, 심산, 1998.

『피라미드 에너지』, 빌 케렐 외, 김태윤 옮김, 물병자리, 1998.

『피라미드』, 미로슬라프, 김희상 옮김, 심산, 2004.

『피라미드의 과학』, 이종호, 새로운 사람들, 1999.

『피라밋 파워 기 히란야 파워 기』, 조문덕, 문덕출판사, 1993.

5. 천 재

『그룹 지니어스』, 키스 소여, 이호준 옮김, 북섬, 2008.

『세계사를 바꾼 50인 천재들의 프라이버시』, 게르하르트 플우제, 강명희 옮김, 하서, 2002.

『천재들은 10대와 20대에 무엇을 했는가』, 세리자와 슌스케, 김유동 옮김, 중심, 2003.

『천재들의 뇌』, 로베르 클라르크, 이세진 옮김, 해나무, 2003.

『천재처럼 생각하기』, 토드 사일러, 강헌구 옮김, 한언, 2002.

6. 지식경영

『노나카의 지식경영』, 노나카 이쿠지로 외, 나상억 옮김, 21세기북스, 1998.

『다산선생 지식경영법』, 정민, 김영사, 2007.

『두뇌 강국 보고서』, 매일경제 지식프로젝트팀, 매일경제신문사, 1999.

『세종 충무공 다산의 메시지』, 정광수 외, 국민벤처, 2001.

『지식경영의 실천』, 김영실 외, 삼성경제연구소, 1998.

7. 문 명

『문명의 붕괴』, 조지프 A. 테인터, 이희재 옮김, 대원사, 1999.

『스마트 코리아로 가는 길 유라시안 네트워크』, 이민화, 새물결, 2010.

『새로운 아틀란티스』, 프랜시스 베이컨, 김종갑 옮김, 에코리브르, 2002.

『세계의 영웅 신화』, 조셉 캠벨, 이윤기 옮김, 대원사, 1989.

『신들의 문명』, DAVID HATCHER CHILDRESS, 윤치원 옮김, 대원, 2002.

『신비의 섬 아틀란티스 대륙』, E.B 안드레에바, 권혁선 옮김, 이성과 현실, 1990.

『아리안의 후예 한국인』, 정다정, 한솜미디어, 2015.

8. 경 제

『건강한 경제모델 프라우트가 온다』, 다다 마헤시와라난다, 물병자리, 2009.

『경제학 프레임』, 이근우, 웅진윙스, 2007.

『레버리지』, 롭무어, 김유미 옮김, 다산, 2017.

『마이크로 트렌드』, 마크 펜 외, 안진환 외 옮김, 해냄, 2008.

『머니 앤드 브레인』, 제이슨 츠바이크, 오성환 외 옮김, 까치, 2007.

『모든 것의 가격』, 에두아르도 포터, 손민중 외 옮김, 김영사, 2011.

『부자 인생 가난한 인생』, 스기자키 히토시, 신선희 옮김, 느낌이 있는 책, 2004.

『절박할 때 시작하는 돈 관리 비법』, 데이브 램지, 백가혜 옮김, 물병자리, 2016.

『트렌드 인 비즈니스』, 글로벌 아이디어 뱅크스, 고은옥 옮김, 2008.

9. 직 관

『ESP 그 본질을 밝힌다』, 박병훈, 태종출판사, 1983.

『생각이 직관에 묻다』, 게르트 기거랜처, 안의정 옮김, 추수밭, 2008.

『성공을 부르는 비즈니스 직관』, 로라 데이, 이균형 옮김, 정신세계사, 1997.

『성공을 부르는 직관의 테크닉』, 로라 데이, 이균형 옮김, 정신세계사, 1997.

『운명을 지배하는 힘 육감』, 아키야마 마코토, 이원두 옮김, 한국경제신문, 1998.

『제7의 감각 전략적 직관』, 윌리엄 더건, 윤미나 옮김, 비즈니스맵, 2008.

『직관의 경영』, 다마 멘탈 비즈니스 연구소, 박희선 옮김, 정신세계사, 1990.

『직관의 힘』, 엘프리다 뮐러-카인츠, 끌레마, 2012.

『직관이 답이다』, 린 A. 로빈슨, 방영호 옮김, 다음 생각, 2010.

10. 잠재의식 계발

『감응력- 꿈을 실현시키고 직관을 깨우는 힘』, 페니 피어스, 김우종 옮김, 정신세계사, 2010.

『넥서스』, 마크 뷰캐넌, 강수정 옮김, 세종연구원, 2003.

『놓아버림』, 데이비드 호킨스, 박찬준 옮김, 판미동, 2016.

『링크』, A. L. 바라바시, 강병남 외 옮김, 동아시아, 2003.

『머피의 100가지 성공법칙』, 조셉 머피, 이선종 옮김, 선영사, 2012.

『맥스웰 몰츠 성공의 법칙』, 맥스웰 몰츠, 공병호 외 옮김, 비즈니스북스, 2015.

『의식 혁명』, 데이비드 호킨스, 이종수 옮김, 한문화, 1997.

『커피 한잔의 명상으로 10억을 번 사람들』, 오시마 준이치, 박운용 옮김, 나라원, 2007.

『히든 커넥션』, 프리초프 카프라, 강주현 옮김, 휘슬러, 2003.

11. 교 육

『0~7세 발도르프 교육 무지개다리 너머』, 바바라 J. 패터슨 외, 물병자리, 2017.

『12감각을 깨워야 내 아이가 행복하다』, 김현경, 물병자리, 2017.

『공부 잘하는 아이의 멘토는 부모다』, 임종길, 물병자리, 2011.

『교육은 치료다』, 루돌프 슈타이너, 김성숙 외 옮김, 물병자리, 2017.

『늦깍이들을 위한 초능률 공부 비법』, 김효동, 물병자리, 2011.

『민사고 국영수 이렇게 한다』, 박관수 외, 물병자리, 2002.

『발도르프 음악교육과 놀이』, 김현경, 물병자리, 2016.

『선생님은 살아있는 교육과정이다』, 김용근, 물병자리, 2016.

『성적 이제 내 마음대로 한다』, 민정암, 물병자리, 2004.

『아이들이 살아 있는 교육과정』, 김용근, 물병자리, 2016.

『인성 교육론』, 전남련, 한수, 2016.

『자율학교 서머힐』, A. S. Neill, 김은산 옮김, 서원, 1997.

『창의적인 아이로 키우는 발도르프 음악교육』, 김현경, 물병자리, 2014.

『척추가 바로 서야 공부가 즐겁다』, 이남진, 물병자리, 2007.

12. 두뇌 계발

『3일 만에 읽는 뇌의 신비』, 야마모토 다이스케, 박선무 외 옮김, 서울문화사, 2003.

『9번째 지능』, 이소윤·이진주, 청림출판, 2017.

『꿈을 이룬 사람들의 뇌』, 조 디스펜자, 김재일 외 옮김, 한언, 2009.

『나쁜 유전자』, 바버라 오클리, 이종삼 옮김, 살림, 2008.

『다중 지능』, 하워드 가드너, 문용린 외 옮김, 웅진 지식하우스, 2007.

『레오나르도 다 빈치처럼 생각하기』, 마이클 J. 겔브, 공경희 옮김, 대산, 2003.

『마인드 맵 북』, 토니 부잔 외, 라명화 옮김, 평범사, 1994.

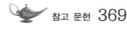

『브레인 스토리』, 수전 그린필드, 정병선 외 옮김, 지호, 2005.

『성공의 두뇌 공학』, 맥스웰 말츠, 김양호 옮김, 1989.

『성공한 사람은 우뇌로 생각한다』, 미츠오 코다마, 김영숙 옮김, 현대미디어, 2002.

『역시 창의성이다』, 필립 카터 외, 최승언 외 옮김, 아트나우, 2002.

『오른쪽 뇌를 살리는 계단식 트레이닝』, 간바와다루, 이상주 외 옮김, 가원, 1994.

『인간성과 창조성의 개발』, 일본생산성본부 창조성 개발위원회, 김욱 옮김, 세경북스, 1997.

『지력 혁명』, 문용린, 비즈니스북스, 2009.

13. 치 유

『150살까지 살 수 있을까』, 미하일 톰박, 이은주 옮김, 해냄, 2006.

『기적의 니시 건강법』, 와다나베 쇼, 강호걸 옮김, 태웅, 2001.

『기적의 상상치유』, 이송미, 한언, 2010.

『나는 몇 살까지 살까』, 하워드 S. 프리드먼 외, 최수진 옮김, 샘앤파커스, 2011.

『물, 치료의 핵심이다』, F. 뱃맨겔리지, 김성미 옮김, 물병자리, 2007.

『병원 없는 세상 음식 치료로 만든다』, 상형철, 물병자리, 2016.

『우울증을 없애는 행복의 기술 50가지』, 폴 빈센트, 김무겸 옮김, 물병자리, 2010.

『의사들의 120세 건강 비결은 따로 있다- 음식편』, 마이클 그레거, 홍영준 옮김, 진성북스, 2017.

『의사들의 120세 건강 비결은 따로 있다- 치유편』, 마이클 그레거, 홍영준 옮김, 진성북스, 2017.

『자세를 바꾸면 통증이 사라진다』, 리처드 브레넌, 최현묵 옮김, 물병자리, 2013.

『쾌유력』, 시노하라 요시토시, 김경희 옮김, 사람과 책, 1996.

『혼자서 쉽게 내 몸을 고치는 요가 139가지』, 김한, 시공사, 2006.

『홍채 분석학』, 윤명한 외, 홀픽, 2007.

『힐링 코드』, 알렉산더 로이드 외, 이문영 옮김, 시공사, 2013.

14. 공 명

『기성학』, 이상명, 신흥, 1986.

『누가 신생아 이름을 함부로 짓는가』, 이우람 외, 뉴월드 코리아, 2002.

『동시성의 과학 싱크』, 스티븐 스트가로츠, 조현욱 옮김, 김영사, 2005.

『몰입의 재발견』, 미하이 칙센트 미하이, 김우열 옮김, 한국경제신문, 2009.

『물은 답을 알고 있다』, 에모토 마사루, 양억관 옮김, 나무심는사람, 2002.

『바이오리듬』, 박은숙 외, 김영사, 1984.

『생체 자기학』, 이상명, 동문인쇄출판, 1995.

『식물의 신비 생활』, 피터 톰킨스 외, 황금용 외 옮김, 정신세계사, 1992.

『심리방어의 기술』, 윌리엄 블룸, 정민걸 옮김, 간디서원, 2006.

『엘리어트 파동이론』, R. N. Elliott, 이형도 엮음, 이레미디어, 2007.

『이상한 회사』, 가마다 마사루, 김욱 옮김, 세경북스, 1998.

『티핑 포인트』, 말콤 글래드웰, 임옥희 옮김, 21세기북스, 2008.

『파동 경영』, 나카지마 다카시, 윤영걸 옮김, 매일경제신문사, 1997.

『필드』, 린 맥타카트, 이충호 옮김, 무우수, 2004.

15. 기와 에너지

『기란 무엇인가』, 마루야마 도시아키, 박희준 옮김, 정신세계사, 1989.

『기 - 생명의 원기』, 강대봉, 언립, 1990.

『기와 인간 과학』, 유아사 야스오, 손병규 옮김, 여강, 1992.

『마음 공격에서 나를 보호하라』, 조곡쉬, 서강익 역, 물병자리, 2015.

『문파워의 신비』, 고쿠시인 조쇼, 박영 옮김, 미투, 1991.

『민정암의 기』, 민정암, 물병자리, 1999.

『사이킥 셀프 디펜스』, 조곡쉬, 서강익 옮김, 물병자리, 2005.

『생명과 전기』, 로버트 베커 외, 공동철 옮김, 정신세계사, 1994.

『수맥과 풍수』, 임응승, 청문각, 1991.

『수정 에너지의 신비』, 윤용규 외, 물병자리, 1999.

『에너지 버스』, 존 고든, 유영만 외 옮김, 샘앤파커스, 2007.

『조선의 풍수』, 최길성 옮김, 민음사, 1990.

『좋은 운명을 끌어들이는 포지티브 에너지』, 주디스 올로프, 김소연 옮김, 한언, 2004.

『초능력의 비밀 기의 정체』, 사사키 시게미, 이길환 옮김, 동화문화사, 1993.

『히란야 에너지』, 야마다 다카오 외, 한준호 외, 물병자리, 1998.

16. 수행 및 명상

『뇌호흡』, 이승헌, 한문화, 2003.

『마음 다스리는 법』, 김정빈, 물병자리, 1999.

『마음 밖에는 아무것도 없다』, 라마나 마하르시, 박지명 옮김, 물병자리, 2015.

『마음으로 한다』, 존키호, 신양숙, 정신세계사, 1991.

『마음을 다스려 나를 경영한다』, 김정빈, 물병자리, 2005.

『명상 비법』, 라즈니쉬, 석지현 옮김, 1983.

『명상에 대한 기본 안내』, 엘리스 베일리, 유명호 옮김, 스토리나무, 2012.

『명상하는 자가 살아남는다』, 바산트 조시, 우자경 옮김, 물병자리, 2012.

『사라하의 노래』, 라즈니쉬, 석지현 외, 일지사, 1984.

『스즈키 선사의 선심 초심』, 스즈키 순류, 정창영 옮김, 물병자리, 2011.

『오직 모를 뿐』, 숭산 스님 서한집, 현각 외 옮김, 물병자리, 2016.

소·원·을·들·어·주·는·도·깨·비

『쿤달리니 탄트라』, 스와미 사티야난다, 박광수 옮김, 양문, 1998.

『호오포노포노의 비밀』, 조 바이텔 외, 황소연 옮김, 눈과 마음, 2008.

『호오포노포노의 지혜』, 이하레아 카라 휴렌 외, 이은정 옮김, 눈과 마음, 2009.

『호흡 명상 스트레스에 강한 멘탈 만들기』, 박지명 외, 물병자리, 2014.

17. 새로운 문명의 시대

『10년 후 미래』, 대니얼 앨트먼, 고영태 옮김, 청림, 2011.

『넥스트 디케이드』, 조지 프리드먼, 김홍래 옮김, 샘앤파커스, 2015.

『블록체인 구조와 이론』, 아카하네 요시하루·아이케미 마나부, 양현 옮김, 위키북스, 2017.

『블루오션 시프트』, 김위찬·르네마보안, 안세민 옮김, 비즈니스북스, 2018.

『블루오션 전략』, 김위찬·르네마보안, 강혜구 옮김, 교보문고, 2007.

『빅데이터 어떻게 활용할 것인가』, 오라일리, 배장열 옮김, 제이펍, 2013.

『빅데이터, 경영을 바꾸다』, 함유근·채승병, 삼성경제연구소, 2013.

『세계미래보고서 2018』, 박영숙·제롬 글렌, 비즈니스북스, 2017.

『세계미래보고서 2055』, 박영숙·제롬 글렌, 비즈니스북스, 2017.

『세계미래보고서 2030-2050』, 박영숙·제롬 글렌, 교보문고, 2017.

『세상을 바꾼 어리석은 생각들』, 프리더 라욱스만, 박원영 옮김, 말글빛냄, 2008.

『손에 잡히는 4차 산업혁명』, 최호섭, 이와우, 2017.

『위험한 생각들』, 존 브록만, 이영기 옮김, 갤리온, 2007.

『일자리 혁명 2030』, 박영숙·제롬 글렌, 비즈니스북스, 2017.

『크리스탈 아이들이 희망이다』, 도린 버추, 최유리 옮김, 물병자리, 2011.

18. 예 언

『20세기 정신과학의 기적 에드가 케이시』, 토머스 서그루, 조의래 옮김, 동쪽 나라, 1994.

『나는 누구였던가』, 루쓰 콩고메리, 김수현 옮김, 초롱, 2000.

『노스트라다무스 1999 그날 이후』, 노스트라다무스 연구회 옮김, 하늘, 1996.

『노스트라다무스 대예언 원전』, 헨리 C. 로버트, 강은성 옮김, 동호서관, 1981.

『노스트라다무스 운명의 초법칙』, 고토 벤, 유기천 옮김, 정신세계사, 1995.

『밀레니엄의 대예언 1, 2』, 존 호그, 최환 옮김, 물병자리, 1999.

『아무것도 사라지지 않는다』, 루쓰 몽고메리, 김수현 옮김, 초롱, 2001.

『에드가 케이시의 삶의 열 가지 해답』, 존 G. 풀러, 김수현 옮김, 초롱, 2001.

『영화가 2012년 12월 29일 이후를 예언하다』, 장세계, 물병자리, 2012.

『예언자 히틀러』, 노스트라다무스 연구회, 하늘, 1991.

『예언자의 노래』, 칼릴 지브란, 물병자리, 1998.

『인류는 멸망할 것인가 1999년 7월』, 고도 벤, 강은성 옮김, 동호서관, 1980.

『잠자는 예언자』, 제스 스턴, 홍준희 옮김, 대원, 1988.

『지구 대멸망 2』, 고도 벤, 박성민 옮김, 중원문화, 1990.

『충격 대예언 일본이 가라앉는다』, 안영배, 1995.

19. 문 화

『갈매기의 꿈』, 리처드 바크, 삼원, 1990.

『기탄잘리』, R. 타고르, 최인자 옮김, 동숭동, 1994.

『다시 페미니즘』, 이충현, 물병자리, 2017.

『사랑이 돼라』, 여서완, 조인컴, 2012.

『새롭고 적극적인 지구를 살리는 방법 50』, 존 자브나 외, 황성돈 옮김, 물병자리,

2010.

『세계의 공동체 마을들』, 올리버 포피노 외, 이천우 옮김, 정신세계사, 1993.

『슈퍼 클래스』, 데이비드 로스코프, 이현주 옮김, 더난, 2008.

『신문명 디자인』, 권영걸, 공간서가, 2016.

『어린이가 지구를 살리는 방법 50』, 소피 자브나 외, 황성돈 옮김, 물병자리, 2010.

『역사를 움직인 얼굴』, 윤명중, 동학사, 1998.

『연어』, 안도현, 문학동네, 1999.

『열자』, 열자, 정창영 옮김, 물병자리, 2015.

『오래된 미래』, 헬레나 노르베리-호지, 김종철 외, 녹색평론사, 1997.

『웰컴투 오로빌- 살고 싶은 마을 오로빌』, 오로빌 투데이, 이균형 옮김, 시골생활, 2008.

『정조대왕의 꿈』, 유봉학, 신구문화사, 2001.

『컬처 코드』, 클로테르 라파이유, 김상철 외, 리더스북, 2007.

『한국 문화 상징 사전』, 한국문화상징 사전편찬위원회, 동아출판사, 1992.

『한국인의 의식구조』, 이규태, 신원, 1983.

20. 과학 및 신과학

『3인의 과학자와 그들의 신』, 로버트 라이트, 임기철 옮김, 정신세계사, 1991.

『과학 우주에 마법을 걸다』, 에르빈 라슬로, 변경옥 옮김, 생각의 나무, 2007.

『과학사의 뒷얘기』, A. 섯클리프 외, 박택규 옮김, 현대과학신서, 1997.

『과학의 망상』, 루퍼트 셸드레이크, 하창수 옮김, 김영사, 2016.

『과학혁명의 구조』, 토머스 새뮤얼 쿤, 까치, 2002.

『니콜라 테슬라 평전』, W.버나드 칼슨, 박인용 옮김, 반니, 2016.

『니콜라 테슬라』, 마가렛 체니, 이경복 옮김, 양문, 1999.

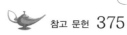

『물질의 궁극원자 아누』, 문성호, 아름드리미디어, 2016.

『블랙홀 여행』, 이충호 외, 동아출판사, 1994.

『빅뱅』, 이충호 외, 동아출판사, 1994.

『살아있는 에너지』, 콜럼 코츠, 유상구 옮김, 양문, 1998.

『숨겨진 과학의 역사』, 로버트 B. 실버스, 김종갑 옮김, 해냄, 1997.

『신과학이 세상을 바꾼다』, 방건웅, 정신세계사, 2002.

『아인슈타인은 틀렸다』, 올프 알렉산더르손, 허창욱 옮김, 양문, 1997.

『우리가 처음은 아니다』, A. 토머스, 현대과학신서, 1992.

『천재과학자들의 숨겨진 이야기』, 야마다 히로타카, 이면우 옮김, 사람과 책, 2003.

『촉매란 무엇인가』, 다나까 겐이찌 외, 조재선 옮김, 전파과학사, 1988.

『프랙탈』, 김용운 외, 동아출판사, 1993.

『플라스마의 세계』, 고토 켄이치, 박덕규 옮김, 전파과학사, 1996.

『현대물리학이 탐색하는 신의 마음』, 폴 데이비스, 과학세대 옮김, 한뜻, 1994.

21. 요정, 지니, 거인

『거인- 신과 인간의 버림받은 아버지』, 타임라이프, 권민정 옮김, 분홍개구리, 2004.

『그리스 로마 신화 1- 신과 인간의 시대』, 구스타프 슈바브, 물병자리, 2007.

『그리스 로마 신화 2- 영웅들의 전설』, 구스타프 슈바브, 물병자리, 2006.

『그리스 로마 신화 3- 트로이아 전쟁 1』, 구스타프 슈바브, 물병자리, 2006.

『그리스 로마 신화 4- 트로이아 전쟁 2』, 구스타프 슈바브, 물병자리, 2006.

『난쟁이- 세상을 재단한 땅의 아들』, 타임라이프, 김기영 옮김, 분홍개구리, 2005.

『달콤하지만 치명적인 물의 유혹』, 타임라이프, 김명주 옮김, 분홍개구리, 2005.

『도깨비- 한국의 전통 문양 3』, 안상수, 안그라픽스, 1990.

『마법- 선과 악의 두 얼굴』, 타임라이프, 박종윤 옮김, 2004.

『사랑- 거부할 수 없는 마법』, 타임라이프, 김기영 옮김, 분홍개구리, 2004.

『세상에서 가장 재미있는 신화와 전설 1, 2』, 글 베르나르 브래애 외, 지엔씨미디어, 2008.

『신화 상상 동물 백과사전 1, 2』, 이인식, 생각의 나무, 2002.

『아라비안나이트- 성인용』, 리처드 F. 버턴, 정봉화 옮김, 정음문화사, 1983.

『아라비안나이트- 아동용』, 이미선 옮김, 민향기 그림, 예림당, 2007.

『아라비안나이트 - 아동용』, 르네 불 그림, 윤후남 옮김, 현대지성, 2016.

『아라비안나이트 - 아동용』, 권영미 옮김, 윤종대 그림, 삼성, 2017.

『요정- 요람을 흔드는 요정』, 타임라이프, 박종윤 옮김, 분홍개구리, 2005.

『용- 서양의 괴물 동양의 반짝이는 신』, 타임라이프, 김명주 옮김, 분홍개구리, 2004.

『천지창조- 세상이 열리던 순간의 비밀』, 타임라이프, 이문희 옮김, 분홍개구리, 2004.

22. 시크릿 – 전문적인 자기계발

『3개의 소원 100일의 기적』, 이시다 히사쓰구, 김영사, 2017.

『3분 시크릿 실천 편』, 편기욱 외, 흐름출판, 2008.

『It Works』, RHJ, 서재경 옮김, 매일경제신문사, 2007.

『간절히 원하면 기적처럼 이루어진다』, 삭티 거웨인, 박윤정 옮김, 해토, 2006.

『그렇다고 생각하면 진짜 그렇게 된다』, 삭티 거웨인, 박윤정 옮김, 도솔, 2000.

『끌어당김의 법칙』, 마이클 로지애, 이수경 옮김, 웅진윙스, 2007.

『당신의 꿈을 이루는 보물지도』, 모치즈키 도시타카, 은영미 옮김, 나라원, 2004.

『돈보다 운을 벌어라』, 김승호, 샘앤파커스, 2013.

『돈을 끌어오는 마음의 법칙』, 사나야 로만, 유지훈 옮김, 물병자리, 2013.

『돈을 끌어오는 마음의 법칙』, 사나야 로만, 주혜명 옮김, 물병자리, 1998.

『마인드 파워』, 존키호, 최상수 옮김, 김영사, 2004.

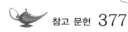

『무한 능력』, 앤소니 라빈스, 이우성 옮김, 시공아카데미, 1999.

『부의 법칙』, 캐서린 폰더, 남문희 옮김, 국일미디어, 2003.

『부의 비밀』, 월러스 워틀스, 김우열 옮김, 흐름출판, 2007.

『부자의 법칙』, 월레스 와틀스, 고희정 옮김, 동방미디어, 2003.

『생각의 지혜』, 제임스 앨런, 공경희 외 옮김, 물푸레, 2003.

『생각하라 그러면 부자가 되리라』, 나폴레온 힐, 남문희 옮김, 국일미디어, 2011.

『서클- 모든 꿈은 반드시 이루어진다』, 로라데이, 허원경 옮김, 허원미디어, 2007.

『성공의 문을 여는 마스터키』, 찰스 해낼, 김우열 옮김, 샨티, 2007.

『시크릿 데일리 티칭』, 이민영 옮김, 살림, 2015.

『시크릿 매직』, 론다 번, 하윤숙 옮김, 살림, 2012.

『시크릿』, 론다 번, 김우열 옮김, 살림, 2007.

『신념의 마력』, 클라우드 M. 브리스톨, 최봉식 옮김, 지성문화사, 1994.

『신념의 마력』, 클로드 브리스톨, 최염순 옮김, 비즈니스북스, 2016.

『왓칭 1- 신이 부리는 요술』, 김상운, 정신세계사, 2011.

『왓칭 2- 시야를 넓히면 마술처럼 이루어진다』, 김상운, 정신세계사, 2016.

『원인과 결과의 법칙』, 제임스 알렌, 안희탁 옮김, 지식여행, 2003.

『원하는 대로 산다』, 혼다 켄, 한진아 옮김, 경향BP, 2017.

『종이 위의 기적 쓰면 이루어진다』, 헨리에트 앤 클라우저, 안기순 옮김, 한언, 2007.

『패턴』, 커비 스프라이즈, 박지훈 옮김, 샘앤파커스, 2013.

『현실을 창조하는 마음 상태 제로』, 천시아, 정신세계사, 2012.

23. 형이상학- 시크릿에 내재된 원리

『그리스 신화 타로 해석사전』, 리즈 그린 외, 조하선 외 옮김, 물병자리, 2005.

『나의 하늘이여』, 한사랑, 화이트 벡큠, 1995.

『네빌 고다드 5일간의 강의』, 네빌 고다드, 이상민 옮김, 서른 세개의 계단, 2008.

『돈 후앙의 가르침』, C. 카스타네다, 류시화 옮김, 청하, 1986.

『바가바드 기타』, 바샤하, 정창영 옮김, 물병자리, 2016.

『부활』, 네빌 고다드, 이상민 옮김, 서른 세계의 계단, 2009.

『사람의 운명을 읽는 휴먼디자인 시스템 센터』, 피터 쉐버, 김종근 외 옮김, 물병자리, 2016.

『상념체』, C.W.리드비터 외, 한사랑 옮김, 화이트벡큠, 1992.

『상상의 힘』, 네빌 고다드, 서른 세계의 계단, 2013.

『색채의 본질』, 루돌프 슈타이너, 물병자리, 2016.

『스트로볼로스의 마법사』, 키리아코스 C. 마르키데스, 이균형 옮김, 정신세계사, 1991.

『신의 72가지 이름』, 예후다 베르그, 반디미디어, 2003.

『신의 존재를 과학으로 입증하다』, 김송호, 물병자리, 2016.

『신지학』, 루돌프 슈타이너, 양억관 옮김, 물병자리, 2016.

『아는 것으로부터의 자유』, 크리슈나무르티, 정현종 옮김, 물병자리, 2011.

『에텔체』, A. E. 포우웰, 김동명 옮김, 화이트벡큠, 1993.

『연금술사』, 파울로 코엘료, 최정수 옮김, 문학동네, 2017.

『영혼 현상과 기적』, 김기태, 문원, 1998.

『요한복음 강의』, 루돌프 슈타이너, 양억관 옮김, 물병자리, 2016.

『우리는 영원히 헤어지지 않는다』, 김영우, 정신세계사, 1998.

『우주의식의 창조 놀이』, 이차크 벤토프, 이균형 옮김, 정신세계사, 2001.

『우주 변화의 원리』, 한동석, 행림출판, 1985.

『유명한 사람들의 전생 이야기』, 데이비드 뱅슨, 서민수, 도솔, 2000.

『육체가 없지만 나는 이 책을 쓴다』, 제인 로버츠, 서민수 옮김, 도솔, 2000.

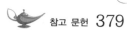

『인간의 비밀』, 미우라관조, 이일우, 정음사, 1987.

『지구별 어디로 가고 있는가』, 크리슈나무르티, 김기호 옮김, 물병자리, 2005.

『지금 여기에서 라즈니쉬의 삶』, 베산트 죠쉬, 류시화 옮김, 제일, 1984.

『초감각적 세계인식에 이르는 길』, 루돌프 슈타이너, 양억관 외 옮김, 물병자리, 2016.

『초인 생활』, 베어드 T. 스폴딩, 정창영 옮김, 정신세계사, 1992.

『타로의 그림 열쇠』, Arthur Edward Waite, 정현근 옮김, 타로, 2006.

『타로카드 100배 즐기기』, 레이첼 폴락, 이선화 옮김, 물병자리, 2017.

『투시』, C.W. 리드비터, 이균형 옮김, 화이트벅큠, 1992.

『티베트 사자의 서』, 백봉초, 경서원, 1984.

『티벳의 사랑과 마법』, 알렉사드라 다윗 닐, 류재연 옮김, 문학동네, 1997.

『행복순환의 법칙』, 정광호, 로대, 2009.

『휴먼디자인 시스템』, 스티브 로즈, 김종근 외 옮김, 물병자리, 2015.

『휴먼디자인 시스템과 2027년 이후』, 스티브 로즈, 이상호 외 옮김, 물병자리, 2014.

24. 자기 계발 – 일반적인 자기 계발

『1년에 500권 마법의 책 읽기』, 소노 요시히로, 조미량 옮김, 물병자리, 2010.

『100권 읽기보다 한 권을 쓰라』, 추성엽, 더난, 2007.

『가슴 뛰는 삶을 살아라』, 다릴 앙카, 류시화 옮김, 나무심는사람, 1999.

『감사의 기적』, 멜로디 비티, 최경은 옮김, 행간, 2011.

『거인의 어깨 위에 올라서라』, 마이클 겔브, 정준희 옮김, 청림출판, 2003.

『꿈꾸는 다락방』, 이지성, 국일미디어, 2017.

『꿈꾸는 다락방 2』, 이지성, 국일미디어, 2017.

『꿈을 도둑맞은 사람들에게』, 잭캔필드 외, 김재홍 옮김, 현재, 2001.

『남자의 도』, 한하오웨, 김영화 옮김, 물병자리, 2012.

『내 안의 성난 코끼리 길들이기』, 잰 초젠 베이스, 황근하 옮김, 물병자리, 2013.

『내 직업을 찾는 마음의 법칙』, 데보라한 스미스, 홍성정 옮김, 물병자리, 1999.

『돈을 끌어오는 사람 돈을 밀어내는 사람』, 도널드 월터스, 김철호 옮김, 나무 심는 사람, 2002.

『돌파의 사고력』, 히비노 쇼조, 양억관 옮김, 대교출판, 1997.

『디팩초프라의 풍요로운 삶』, 디팩 초프라, 경성라인, 2001.

『무지개 원리』, 차동엽, 국일미디어, 2016.

『발상의 전환이 세상과 인생을 바꾼다』, 최정우, 새로운 사람들, 1995.

『부자가 되는 비결』, 나카타니 아키히로, 이선희 옮김, 바움, 2006.

『부자가 된 괴짜들』, 김유미, 21세기북스, 2007.

『부자 철학』, 이토야마 에이타로, 안원태 옮김, 하서, 2003.

『블링』, 윌리엄 안츠 외, 박인재 옮김, 지혜의 나무, 2010.

『사자같이 젊은 놈들』, 구본형, 김영사, 2002.

『성공을 끌어오는 마음의 법칙』, 쉬브 케라, 백지연 옮김, 물병자리, 1999.

『성공하는 사람의 7가지 습관』, 스티븐 코비, 김경섭 외 옮김, 1996.

『성공하려거든 당신 안에 있는 창조력을 깨워라』, 알렉스A.오스본, 이상훈 옮김, 드림21, 2003.

『성서 속의 백만장자』, 캐서린 폰더, 남문희 옮김, 국일미디어, 2003.

『소망을 이루어주는 감사의 힘』, 뇔르 C. 넬슨 외, 이상춘 옮김, 한문화, 2005.

『소원을 이루는 마력』, 팸 그라우트, 이경남 옮김, 알키, 2014.

『소중한 것을 먼저 하라』, 스티븐 코비 외, 김경섭 옮김, 김영사, 1998.

『심리유형별 게으름 탈출하기』, 모니카 라미네즈 바스코, 황성돈 옮김, 물병자리, 2010.

『엔젤 아우라』, 최정화, 중앙북스, 2007.

『영혼을 위한 닭고기 스프 1』, 마크 빅터 한센 외, 류시화 옮김, 푸른숲, 1997.

『예스 아이 캔 생각대로 강력한 이미지 트레이닝』, 설기문, 물병자리, 2014.

『와우프로젝트1 내 이름은 브랜드다』, 톰 피터스, 김연성 외 옮김, 21세기 북스, 2002.

『와우프로젝트2 나의 일은 브랜드다』, 톰 피터스, 임민수 외 옮김, 21세기 북스, 2002.

『원하라 허락하라 그리고 집중하라』, 제리 앤 에스더 힉스, 서수정 옮김, 도솔, 2001.

『유유자적 100년』, 자오무허, 김영화 옮김, 물병자리, 2012.

『이미지 메이킹』, 김은영, 김영사, 1994.

『자신이 좋아하는 일을 하라』, 시드니 프리드먼, 도희진 옮김, 현대미디어, 2001.

『자존감이 나를 세운다』, 임미희, 생각나눔, 2014.

『제왕학』, 니와 페이, 이규은 옮김, 삶과 꿈, 1994.

『카네기 인생론』, D. 카네기, 김명권 옮김, 청목문화사, 1985.

『펄떡이는 물고기처럼』, 해리 폴 외, 유영만 옮김, 한언, 2002.

『하고 싶은 일을 하라』, 오리슨 스웨트 마든, 박정숙 옮김, 다리미디어, 2003.

『해답』, 존 아사라프 외, 이경식 옮김, 랜덤하우스, 2008.

『행복한 멈춤』, 존 하리차란, 유리타 옮김, 살림, 2007.

25. 경 영

『1조원의 사나이들』, 정창원, 매일경제신문사, 2017.

『5대 그룹 총수의 성격 분석 보고서』, 임승환, 중앙M&B, 1998.

『나는 미래를 창조한다』, 정문술, 나남, 2016.

『리더의 그릇』, 나카지마 다카시, 하연수 옮김, 다산, 2016.

『마쓰시다 전기의 아침 경영학습』, 오구로 히로시, 정현우 옮김, 자유시대사, 1996.

『부자의 인간관계』, 사이토 히토리, 김지영 옮김, 다산, 2017.

『불황에 더 잘나가는 불사조 기업』, 서용구·김창주, 더퀘스트, 2017.

『비즈니스 의식 혁명 7가지 원칙』, 프레드 코프맨, 강도은 옮김, 물병자리, 2008.

『빅브랜드 성공의 조건』, 잭 트라우트, 안진환 옮김, 오늘의책, 2002.

『사무라이 인간경영』, 야마모토 쓰네모토, 이강희 옮김, 사과나무, 2004.

『생각의 법칙 10+1』, 존 맥스웰, 조영희 옮김, 청림, 2003.

『세계 최강 미니기업』, 동아일보 경제부, 동아일보사, 2007.

『세종대왕과 그의 인재들』, 박영규, 들녘, 2002.

『소셜미디어를 정복하라』, 짐 스턴, 신승미 옮김, 물병자리, 2010.

『손정의 상식을 파괴하는 비즈니스 테크닉』, 미키 다케노부, 강신규 옮김, 물병자리, 2011.

『실패에서 배우는 경영 2』, 윤경훈, KMAC, 2017.

『아무도 하지 않는다면 내가 한다』, 조운호, 책바치, 2004.

『양자물리학과 깨달음의 세계 2』, 양철곤, 생각나눔, 2014.

『우리가 있기에 내가 있습니다』, 홍석현, 샘앤파커스, 2016.

『위대한 제국 진시 황가의 CEO들』, 진문덕, 원지명 옮김, 위즈덤하우스, 2001.

『이건희 그의 시선은 10년 후를 향하고 있다』, 홍하상, 한국경제신문, 2003.

『이기는 습관』, 전옥표, 샘앤파커스, 2007.

『이건희 에세이』, 이건희, 동아일보사, 1997.

『이코노믹 씽킹』, 로버트 프랭크, 안진환 옮김, 웅진지식하우스, 2007.

『잘되는 회사는 실패에서 배운다』, 윤경훈, 원앤원북스, 2011.

『재계를 움직이는 사람들』, 중앙일보 경제2부, 중앙일보사, 1997.

『정문술식 거꾸로 경영법- 왜 벌써 절망합니까』, 정문술, 청아, 2000.

『정문술의 아름다운 경영』, 정문술, 키와채, 2004.

『정보력과 휴먼웨어』, 윤은기, 1989.

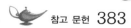

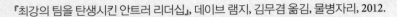

『최강의 팀을 탄생시킨 안트러 리더십』, 데이브 램지, 김무겸 옮김, 물병자리, 2012.

『코끼리를 쓰러뜨린 개미』, 히로카와 구니노부, 박선영 옮김, 예문, 2007.

『하트 경영』, 윤은기, 디자인하우스, 1998.

『한국경제를 위한 지식경영』, 포스코 경영연구소, 더난, 1998.

『한국의 젊은 부자들』, 이신영, 메이븐, 2017.

『핵심역량 핵심인재』, 이홍민 외, 한국능률협회, 2003.

『휴렛패커드가 산골 마을을 찾은 이유』, 크리스틴 아레나, 양세영 옮김, 지식의 날개, 2007.

소·원·을·들·어·주·는·도·깨·비